U0453548

孙子兵法
新解

全译本

[春秋] 孙武 —— 著

王可峰 —— 译注

民主与建设出版社
·北京·

© 民主与建设出版社，2023

图书在版编目（CIP）数据

孙子兵法新解全译本 /（春秋）孙武著；王可峰译
注. —北京：民主与建设出版社，2017.11（2023.11重印）
ISBN 978-7-5139-1770-4

Ⅰ.①孙… Ⅱ.①孙… ②王… Ⅲ.①兵法 - 中国 -
春秋时代 ②《孙子兵法》- 注释 ③《孙子兵法》- 译文
Ⅳ.①E892.25

中国版本图书馆 CIP 数据核字（2017）第 260576 号

孙子兵法新解全译本
SUNZI BINGFA XINJIE QUANYIBEN

著　　者	（春秋）孙　武
译　　注	王可峰
责任编辑	程　旭　周　艺
封面设计	小徐书装
出版发行	民主与建设出版社有限责任公司
电　　话	（010）59417747　　59419778
社　　址	北京市海淀区西三环中路10号望海楼E座7层
邮　　编	100142
印　　刷	三河市双升印务有限公司
版　　次	2018年1月第1版
印　　次	2023年11月第2次印刷
开　　本	880×1230mm　1/32
印　　张	9
字　　数	200千字
书　　号	ISBN 978-7-5139-1770-4
定　　价	48.00元

注：如有印、装质量问题，请与出版社联系。

作者简介

王可峰

甘肃民族师范学院副教授

主要从事语言修辞、语言文化研究

主持完成甘肃省教育厅高校导师项目《河洮岷方言文化研究》

参加多项省级以上研究项目

在《西北民族大学学报》《陇东学院学报》等刊物公开发表论文十多篇

著有《孙子兵法译注》等作品

文字朴实而意韵深沉，文笔刚柔并蓄、精细而气韵十足

以饱满的感情执着于传统文化的挖掘和现实生活智慧的探求

曹操注《序》

　　操闻上古弧矢之利①，《论语》曰"足兵"②，《尚书》八政曰"师"③，《易》曰"师贞丈人吉"④，《诗》曰"王赫斯怒，爰整其旅"⑤，黄帝、汤、武咸用干戚以济世也⑥。《司马法》曰："人故杀人，杀之可也。⑦"恃武者灭，恃文者亡，夫差、偃王是也⑧。圣人之用兵，戢⑨而时动，不得已而用之。吾观兵书战策多矣，孙武所著深矣。

　　孙子者，齐人也，名武，为吴王阖闾⑩作《兵法》一十三篇，试之妇人⑪，卒以为将，西破强楚入郢⑫，北威齐、晋⑬。后百岁余有孙膑⑭，是武之后也。审计重举，明画深图，不可相诬⑮。而但世人未之深亮⑯训说，况文烦富，行于世者，失其旨要，故撰为略解焉⑰。（《岱南阁丛书》本《孙子十家注》，《御览》二七〇"足兵"上有"足食"二字，"恃武""恃文"作"用武""用文"，"圣人之用兵"作"圣贤之于兵也"。"百岁余"作"百余岁"。又自"孙子者"以下五十字，据《御览》补。）

注释

①操闻上古弧矢之利：上古，远古，指原始社会。弧，弓。矢，箭。

②《论语》曰"足兵"：《论语》，儒家经典之一，是孔丘的后学编写的以孔丘为主的言行录。"足兵"，语出《论语·颜渊》。

③《尚书》八政曰"师"：《尚书》，是我国古代社会商、周统治者发布的文告汇编，包括后人追叙唐虞和夏代的事。八政，出自《尚书·洪范》。"八政"为：食、货（货币）、祀（祭祀）、司空（水利土建筑）、司徒（民政）、司寇（刑法）、宾（外交）、师（军队）。

④《易》曰"师贞丈人吉"：《易》，《易经》，是殷、周时期卜卦用的书。师贞，正，正义。丈人，对老人的敬称，这里指军队的统帅。吉，吉利，指打胜仗。

⑤《诗》曰"王赫斯怒，爰整其旅"：《诗》，指《诗经》，我国古代诗歌总集。引文见《大雅·皇矣》"王赫斯怒，爰整其旅"，指密国（在今甘肃灵台县西）兴兵侵入阮国（在今甘肃泾川县东南）。赫（hè），发怒的样子。爰（yuán），于是，因此。旅，军队。周文王赫然震怒，于是整顿军队去制止。

⑥黄帝、汤武咸用干戚以济世也：黄帝，轩辕氏，传说中的古帝。汤，商朝开国的王。武，周武王。咸，都。干戚，盾牌和斧，是兵器。这里指黄帝征蚩尤，汤伐桀，武王伐纣。

⑦人故杀人，杀之可也：此句在现存《司马法》中为："是故杀人安人，杀之可也。"意思是：为了安定民众，杀一些危害人民的人是可

以的。

⑧侍武者灭，侍文者亡，夫差、偃王是也：恃，依仗。夫差，春秋时吴国的国王，曾打败越国，释放子越王勾践，以后只靠武力，向北和齐、晋争强，不注意政治改革，结果为越王所灭。偃（yǎn）王，即徐偃王。周朝的诸侯。《韩非于·五蠹》说他好行"仁义"，杨文王出兵把它消灭了。

⑨戢（jí）：收藏。

⑩吴王阖（hé）闾（lǚ）：吴王夫差的父亲，名光。他用孙武为将，采纳楚国逃来的大臣伍子胥的意见，打败了楚国，威振诸侯。后来在与越王勾践的战争中受伤而死。

⑪试之妇人：据《史记·孙吴列传》：吴王阖闾命他操练宫女。他把她们分为两队，由吴王的两个爱妾当队长。操练时宫女们哄笑不止，孙武下令杀了两个队长。再进行操练，队伍非常严整。

⑫卒以为将，西破强楚入郢：楚，春秋时强国。郢（yǐng），是楚国的都城，在今湖北省江陵县。破楚入郢：据《史记·吴太伯世家》载：吴王阖闾九年（公元前506年），采纳伍子胥、孙武的计策，大败楚军，攻入楚都郢，楚昭王逃到陨、随等地，秦出兵救楚，阖闾乃引军还吴。

⑬齐、晋：春秋时强国，分别在今山东、山西省。吴王夫差七年（公元前489年），兴师北伐，打败齐国，与晋定公会于黄池（今河南封丘县南），争为长。当时吴国强盛，对北方的齐、晋两国是很大的威胁。

⑭孙膑（bìn）：战国时齐人，孙武的后代。也是古代著名军事家。齐威王任命他为军师，曾两次大败魏国。著有《孙膑兵法》，东汉时已

失传。1972年4月，我国考古工作者在山东临沂银雀山发掘的两座西汉墓葬中，发现了《孙膑兵法》竹简232枚，文物出版社已整理出版。

⑮审记重举，明画深图，不可相诬：审，详细、周密。计，计划，重举，慎重地采取军事行动。画，同"划"，计划。图，谋略。

⑯亮：透彻。

⑰故撰为略解焉：撰，编写。略解，相传《孙子》十三篇，是经曹操删定的，并加注释。

译文

我听说远古时候就有弓箭的应用，《论语》上说"要有足够的武装力量"，《尚书》所说的八样政事中就有"军事"，《周易》上说"出兵是正义的，主帅就吉利"，《诗经》上说"周文王赫然震怒，于是整顿他的军队"，轩辕黄帝、商汤王、周武王都是用武装力量拯救社会的。《司马法》上说："谁故意杀害无辜的人，就可以杀他。"单凭武力是会灭亡的，只讲"仁义"是要亡国的，吴王夫差和徐偃王就是两个例子。圣人用兵，只做准备，必要时才会动用，是在不得已的情况下才用兵啊。

我读过的兵书和战史很多了，孙武所著的兵法写得很深刻。孙子，名武，是齐国人，为吴王阖闾做《兵法》十三篇，吴王让他按照兵法训练宫女，最终拜他为将军，向西打败了强大的楚国，攻入郢都，向北威胁齐国和晋国。百余年后又出了个军事家孙膑，是孙武的后代。

《孙子兵法》周密地制定作战计划和慎重地采取军事行动，都是十分明确和深刻的，是不容曲解的。然而人们还没有对它做过深刻透彻的解说，况且文字繁多，流行于世间的，失去了原作的精神实质，所以加以删定和注解。

译者解析

此序是曹操为《孙子兵法》做注时写。这篇序中，曹操总结了用兵历史和自己在斗争中的经验，这篇序也是研究曹操军事思想及政治思想的重要资料，他在此明确地阐述了掌握军事和驾驭战争规律的重要性。

曹操在此推崇孙武的"以法治军"原则。赞同孙武的开明政治、严肃军纪的论述，还进一步提出"设而不犯，犯而必诛""礼不可以治兵"的主张，这些思想也为曹操在其统领的军队战争中取得了显著的战绩，打败了势力强盛的袁绍家族等，统一了中国北方地区。

曹操熟读孙武《兵法》，盛赞其战略战术，而且基于他的战争思想，做出了很多精彩的解读和发挥。比如，孙武战略思想的基点是：有备无患，首先使自己立于不败之地。曹操进一步发挥出"安不忘危，常设备也"。临终前还在《遗令》中说："天下尚未安定，未得遵古也。"还主张"兵无常势，盈缩随敌"，提倡根据敌情变化，主动灵活地用兵。他既能承袭孙武用兵之旨，又能灵活运用，不断革新；既能领会其实质，也能根据具体情况予以变通。

总之，从这篇译注序中可以看到曹操卓越的军事见解，同时也为《孙子兵法》思想提供了更丰富的内涵。

前言

　　《孙子兵法》是我国最早的一部军事著作，又称为《孙武兵法》《吴孙子兵法》，被称为"兵经"。从诞生的春秋战国时代起，它就备受军事家们的追捧。《孙子兵法》是中国优秀传统文化中的一朵奇葩，被誉为世界三大兵书之一。千年以来，它被翻译成了20多种语言，流传海内外。

　　除了军事领域，《孙子兵法》还被广泛应用到外交、企业管理等不同的行业。受到全世界人民的喜爱。在军事方面，不少国家的军校都把它列为教材。其博大精深的内容，精邃富赡的思想，缜密严谨的逻辑，为一代代著名军事家的成长提供了养料。据说在1991年海湾战争期间，交战双方都以《孙子兵法》作为参考，借鉴其军事思想以指导战事。

　　"《孙子兵法》的作者到底是谁？"这个问题在国内的学术界一直争论不休。有一部分人认为其作者是春秋后期的吴国将军孙武，还有一部分人认为是战国中期曾任齐国军师的孙膑。还有一部分研究《孙子兵法》的学者认为孙武与孙膑其实是一个人。现代学者钱穆在《先秦诸子系年考辨》中指出：孙子在吴、齐两国都待过，也许太史公司马迁记错了。

幸运的是，在1972年山东临沂银雀山的西汉墓葬中同时发现了书写《孙子兵法》和《孙膑兵法》的大批竹简。这个发现不仅让失传千年的《孙膑兵法》重新回到人们的视野，同时也从一个侧面反映了孙武和孙膑都确有其人，并基本确认了《孙子兵法》的著作人就是孙武。但是，仍然有学者坚信这不能说明《孙子兵法》就一定是孙武所作。因此，关于《孙子兵法》的著作人到底是谁至今仍然有争议。

不管怎样，作为中国古典文化的优秀遗产，《孙子兵法》以它优美的语言和深邃的思想为军事、政治、经济等领域提供了理论基础。它在战争规律、哲理、谋略、政治、经济、外交、天文、地理等方面都有涉及，是古代军事学理论的宝库和集大成者。它里面的许多名言警句都为人们所熟知并传颂，比如"兵不厌诈""兵贵胜，不贵久""不战而屈人之兵""知彼知己者，百战不殆"等。

在新时期的社会背景下，《孙子兵法》焕发了新的光彩。《孙子兵法新解全译本》以独到的视野和朴素的笔调，对《孙子兵法》中的文化精华加以深入的解读，以此来指导人们在具体生活中所遇到的为人处世、工作态度、企业管理等方面的问题，是一部帮助人们开创生活和事业新出路的力作。相信每一个捧读之人都能够感受到中华文化瑰宝的璀璨与魅力，并从中受益，在人生的战场上克敌制胜。

目录

计篇

曹操曰：计者，选将、量敌、度地、料卒、远近、险易，计于庙堂也。

题解

首篇孙武便提出了"慎战论"，并以此做为研究兵法、实行战术的根本。从全局的角度提出胜负取决于必要的物质条件，即"道""天""地""将""法"等政治、经济诸因素。

"庙算"是本章的主要观点，由此引申出用兵作战的要领——诡诈。"因利制权""兵者，诡道也"等都是"庙算"的主要内容。

孙武能在两千多年前对战争做出这样朴素唯物主义的理解，是非常难能可贵的，他对灵活运用战术原则的论述已经具有相当精湛的辩证因素。

第一篇　计篇

——原文

孙子曰：兵①者，国之大事②，死生之地，存亡之道③，不可不察④也。

注释

①兵：本义指兵器，《说文解字》："兵，械也。"后引申为兵士、军队、战争等，此处作战争、军事解。

②国之大事：意为国家的重大事务。

③死生之地，存亡之道：意为战争直接关系到军民的安危，国家的存亡。

④不可不察：察，仔细考察、研究。不可不察，意指不可不仔细审察，谨慎对待。

译文

孙子说："战争是一个国家的头等大事，关系到军民的生死，国家的存亡，是不能不谨慎周密地观察、分析、研究的。"

兵法智慧

孙子所处的是一个优胜劣败、弱者先亡的时代。诸侯间的战争就是相互争霸和兼并，无所谓正义与非正义。当时的周天子已失去天下之主的地位，齐、秦、晋、楚等诸侯强国先后称霸，不断扩大自己的领土和势力范围。面对这种形势，如果安于现状，只有两种结果：一是成为大国的附庸，二是坐以待毙。

孙子说：战争是国家的大事，关系到国家的生死存亡，不能不认真地观察和对待。

这里所说的"兵"，指的是"战争"和"国防"。

《孙子兵法》的第一句话非常有气势，把对战争问题的认识提到了国家生死存亡的高度上。这样，《孙子兵法》全篇就被定位在国家安全的战略高度上，使我们认识和研究战争问题也处在了一个非常高的战略起点上。

"死生之地，存亡之道"这句话非常有分量，将战争问题的必要性点得非常到位，让我们深刻认识到国家的责任感和使命感，并将这种责任融入了战争问题的研究中，而这一点，正是每一位战略家必须具备的战略意识。

兵凶战危。战争是人类社会最残酷的竞争，是解决政治问题的最后一种手段，它用实力说话，用流血的方式来最终强迫失败者臣服。战争的结局直接决定着一个国家的命运，并且是用"生"与"死"，"存"与"亡"这种最惨痛的代价和最极端的选择来决定的。如果在战争中失败，就必须接受"死"与"亡"的现实，没有讨价还价的余地，也没有改正错误的机会。因此，国家的主宰者、战争的决策者，对战争问题不能有丝毫忽视，必须认真对待。

国家安全是国家的最大利益，战争是关系到国家安全的最大威胁。战争的发生或消失，并不以某个国家统治者的意志为转移。无数历史事实证明，不敢面对战争者，忽略战争存在者，最后都将被战争无情地吞噬。所以说，我们必须要具有忧患意识，要经常从自身的生死存亡考虑一些竞争方面的问题，尤其在和平的时候，在顺利的时候，在胜利的时候。这不是危言耸听。要记住：胜利和成功往往是最大的敌人！

一只野狼卧在草地上勤奋地磨牙，狐狸看到了，就对它说："天气这么好，大家在休息娱乐，你也加入到我们的队伍中来吧！"野狼没有说话，继续磨牙，直到把牙齿磨得又尖又利。

狐狸奇怪地问："森林这么静，猎人和猎狗已经回家了，老虎也不在近处徘徊了，又没有任何危险，你何必这么用力磨牙呢？"

野狼停下来回答说："我磨牙并不是为了娱乐，你想想，如果有一天我被猎人或老虎追逐，到那时我再想磨牙也来不及了。但如果平时我就把牙磨好，那么到时候我就可以保护自己了。"

狼的这一番话发人深省，启迪了我们在做事的时候，应该未雨绸缪、居安思危，当危险突然降临的时候，才不至于手忙脚乱。否则，很可能让自己陷入危险的境地，甚至一败涂地。

公元前496年，吴王阖闾派兵攻打越国，结果吴国大败，随后阖阖闾也伤重身亡。两年后阖闾的儿子夫差率兵击败越国，越王勾践被押送到吴国做奴隶，勾践忍辱负重侍候吴王三年后，夫差才对他消除戒心，把他送回了越国。

其实勾践并没有放弃复仇之心，他表面上对吴王服从，但暗中一直在训练精兵，励精图治，以便等待时机进行反击。勾践深知艰苦能锻炼意志，安逸却会消磨意志，他担心自己会贪图眼前的安逸，从而消磨报仇雪耻的意志，所以他为自己安排了艰苦的生活环境。晚上睡觉他从不用被褥，只铺些柴草，还在屋里挂了一只苦胆，会时常尝尝苦胆的味道，为的就是不忘过去的耻辱。

勾践为鼓励民众，还和王后与人民一起参加劳动。就这样，在越国从上到下的齐心协力之下，越国变得越来越强大。最后，勾践找到了时机，一举把吴国消灭了。

如果吴王夫差能够明白"兵者，国之大事，死生之地，存亡之道，不可不察也"的道理，那么就不会对越国放松警惕，最终被灭国了。

其实在现实生活中，当直接面对危险的时候，我们大多会用全部的力量去进行抗争。但是，当安全的时候，却往往意识不到安全是不会永远存在的，所以总是不能做好应对危险的准备，结果会因此受到伤害。

所以，我们应该全面地看问题，要多观察、多感受生活。懂得居安思危的人，才能处变而不惊。

■■ 原文

故经^①之以五事，校之以计，而索其情^②：一曰道^③，二曰天，三曰地，四曰将，五曰法。道者，令民与上同意也^④，故可以与之死，可以与之生，而不畏危^⑤。天者，阴阳、寒暑、时制^⑥也。地者，远近、险易、广狭、死生^⑦也。将者，智、信、仁、勇、严^⑧也。法者，曲制、官道、主用^⑨也。凡此五者，将莫不闻，知之者胜，不知者不胜。

注释

①经：度量，衡量。

②校之以计，而索其情：校，衡量、比较。索，考索、探索。情，情势、实情，也可理解为规律。

③道：本义是道路，后引申为事理、规律、方法等。

④令民与上同意也：令，使、教。民，普通民众、老百姓。上，君主、统治者。意，意志、意愿。

⑤可以与之死，可以与之生，而不畏危：不畏危，不害怕危险。意为民众与统治者一条心，乐于为君主出生入死而毫不畏惧危险。

⑥阴阳、寒暑、时制：阴阳，指昼夜、阴晴等天时气象的变化。寒暑，指寒冷、炎热等气温差异。时制，指四季的更替。

⑦远近、险易、广狭、死生：远近，指作战区域的距离远近。险易，指地势的险厄或平坦。广狭，指战场面积的宽阔或狭窄。死生，

指地形条件是否利于攻守进退。

⑧智、信、仁、勇、严：智，足智多谋，计出万端。信，赏罚有信，令行禁止。仁，爱抚士卒，关怀百姓。勇，英勇善战，杀敌致果。严，严于律己，执法必严。

⑨曲制、官道、主用：曲制，有关军队的组织编制、通信联络等具体制度。官道，指各级将吏的管理制度。主用，指各类军需物资，如车马兵甲、衣装粮秣的后勤保障制度。

译文

因此，必须通过敌我双方五个方面的分析，七种情况的比较，得到准确情报，来预测战争胜负的可能性。一是道，二是天，三是地，四是将，五是法。道，指民众和君主目标相同，意志统一，可以同生共死，而不会惧怕危险。天，指昼夜、阴晴、寒暑、四季更替。地，指地势的高低，路程的远近，地势的险要、平坦与否，战场的广阔、狭窄，是生地还是死地等地理条件。将，指将领足智多谋，赏罚有信，对部下真心关爱，勇敢果断，军纪严明。法，指组织结构，责权划分，人员编制，管理制度，资源保障，物资调配。对这五个方面，将领都不能不深刻了解。了解就能胜利，否则就不能胜利。

■ 兵法智慧

在这里，孙子主要阐述了在打仗时五个决定战争胜败的重要因素，即"道""天""地""将""法"。对于一个国家来说，指挥军队的将领必须要弄明白以上五个因素，这样才有机会获得胜利，如果忽略了其中一项，都有可能面临失败。

其实，孙子的这一治军之道完全可以应用到企业管理中。用"道""天""地""将""法"这五种因素来管理企业，企业也可以像军队一样被治理得井井有条。

所谓的"道"：就是一切要依照规律办事，做好员工的思想工作，使企业管理者与员工的意愿一致，从而使他们可以同心协力，让企业上下士气高涨。

所谓的"天"：就是企业产品要符合市场需求，企业要有强大的创新能力，从而使产品在市场上具备超强的竞争力。

所谓的"地"：就是地理条件，企业要确保充足而低成本的物质供应，就要确保快捷而低成本的产品物流通道，而且还要确保产品销售的口岸优势，最后还要确保充足的人才储备。

所谓的"将"：就是企业要有得力的各级领导，他们要有智慧、讲信义、有仁慈之心、果敢机智并且管理严格。

所谓的"法"：就是治理企业要有要领，比如，企业建制要合理，各级领导职责要分工明确，生产办公设备要筹备充足，等等。

有企业管理经验的人都应该明白，如果一个企业具备了上述五个因素，那么这个企业肯定能管得好。

万丰奥特控股集团董事长陈爱莲经常说的一句话是"没有爬不过的坡，没有过不了的坎"。正因为总是以自尊、自立、自信、自强面对创业的艰辛，她才逐渐成长为中国民营女企业家中的"造车第一人"。

陈爱莲曾说："当你做事业时，不要把自己当作一位女人，我从来不按着'男人应该做这个，女人应该做那个'的方式来思考问题。"陈爱莲认为，是新的经济环境给女性带来了新的创业机遇，经营企业注重的是对市场经济规律的把握和运用，需要一种柔性的生产和经营方式，还有与以前不同的管理方式，现在重要的是要拥有人才、专利、核心竞争技术等智力资本。陈爱莲以她的细心和耐心平衡了女性在感性与理性方面的欠缺，形成更加强有力的领导力，并以女人独特的敏感性更快更好地捕捉到了商机。

1994 年，陈爱莲在新昌淘到了铝轮项目的第一桶金后，1998 年便毅然决定新建生产基地，上马更大的铝轮项目，开创了"当年投资、当年投产、当年打开市场、当年出口"的良好局面。之后又杀进上海浦东，成立了上海万丰铝业有限公司，迅速扩大了市场占有率。她领导的万丰奥特集团成为亚洲第一铝轮生产基地。

2000 年，陈爱莲又大胆杀进了整车领域。经过一年的资产重组，建立了上海万丰客车制造有限公司。她带领万丰人，从最初的铝合金车轮开始，逐步建成了集汽车制造与汽车零部件、机械设备等三大产业于一体的企业集团。

根据国外考察的经验，陈爱莲提出了"文化经营企业"的新观点。在她首倡的"（知识＋经验）× 精神＝竞争力"的企业精神的支撑下，万丰奥特集团的企业文化体系形成了独具特色的价值观和世界观。陈爱莲坚信，"企业要辉煌永驻，参与国际竞争，首先是要用好人，必须依靠人力资本即'知本'，树立'以人为本'的理念来保证企业的可持续增长。"因此，她培养和造就了一批集"知识化、专业化、年轻化"于一体的管理者队伍。

陈爱莲非常推崇孟子所说的"得道者多助，失道者寡助"。她认为企业家的社会责任包括依法纳税、提高员工的生活质量、生产优质产品、回报股东投资、积极参与公益事业和保证企业可持续发展这六个方面。

陈爱莲语气坚定地说："随着入世和中国融入经济全球化程度的加深，万丰要在全球竞争中生存和发展壮大，关键还在于企业本身，只有具有良好的企业形象、承担企业的社会责任、得到社会高度认可，才具有持久的竞争力。"

陈爱莲在创业以及管理的过程中，充分运用了"道""天""地""将""法"这五个管理因素，而这也正是她获得成功的必备条件。

▬ 原文

故校之以计，而索其情，曰：主孰有道①？将孰有能②？天地孰得③？法令孰行④？兵众孰强⑤？士卒孰练⑥？赏罚孰明⑦？吾以此知胜负矣。

注释

①主孰有道：哪一方国君为政清明，拥有广大民众的支持。主，君主、统治者。孰，疑问代词，谁，这里指哪一方。道，有道，政治清明。

②将孰有能：哪一方的将领更有才能。

③天地孰得：哪一方拥有天时、地利。

④法令孰行：哪一方能对法令规章加以认真执行。

⑤兵众孰强：兵，在这里是指兵器。哪一方兵器锋利，士卒众多，军队强大。

⑥士卒孰练：哪一方的军队训练有素。

⑦赏罚孰明：哪一方的奖惩能做到公正无私。

译文

所以，要通过对双方各种情况的考察分析，并据此加以比较，哪一方的君主是有道明君，能得民心？哪一方的将领更有能力？哪一方占有天时地利？哪一方的法规、法令更能严格执行？哪一方的装备更精良，兵员更多？哪一方的士兵训练更有素，更有战斗力？哪一方的赏罚更公正严明？通过这些比较，我就知道了胜负。

兵法智慧

孙子提出了决定战争胜负的五个要素后，紧接着又为世人提供了一种能够判断胜负的方法——七计：判断最高统治者是否得人心，判断将领究竟有多大才干，判断是否得天时地利，判断法令的执行情况，判断军队的装备是否精良，判断士卒的训练情况，判断赏罚是否分明。通过这些比较，最高统帅就可以判断战事的胜负了。

现代决策理论认为，一个科学决策必须建立在多种可行性方案评价选优的基础之上。方案选优的过程，一般都属于定量分析的过程。孙子在这里提出的"七计"就是通过对七项指标进行的定量分析，对组织的实际运行能力进行评价与不断优化。

从现代决策理论来看，任何组织的正确决策，既不能脱离现实环境的许可，也不能超越自身能力的限制。孙子的"五事七计"，正是从社会环境与自身能力入手进行分析，从而为正确决策奠定了基础。

很久以前，有一个人偷了一袋洋葱，后来被人抓住了，然后把他送到了法官面前。法官审清事实后，提出了三个惩罚方案让这个人自行选择：一是一次性吃掉所有的洋葱，二是鞭打一百下，三是交纳罚金。

最后，这个人的选择是一次性吃掉所有的洋葱。一开始，他信心十足，可是吃下几个洋葱之后，他的眼睛就像火烧一样，嘴就像火烤一般，鼻涕不停地流淌。于是他很痛苦地说："我一口洋葱也吃不下了，你们还是鞭打我吧。"可是，在被鞭打了几下之后，他就受不了了，开始在地上翻滚着躲避皮鞭，并哭喊道："不要再打了，我愿意交罚金。"

后来，这个人成了全城人的笑柄，因为他本来只需要接受一种惩罚的，却将三种惩罚都尝遍了。

从这个笑话我们可以看出，每个人都时刻面临着决策，要善于做出科学的决策。所谓"决策"一词的意思是做出决定或选择，就是指通过分析、比较，在若干种可供选择的方案中选定最优方案的过程。决策是组织或个人为了实现某种目标，而对未来一定时期内有关活动的方向、内容以及方式的选择或调整过程。

其实，生活中我们许多人都有过类似的经历，由于我们对自己的能力缺乏足够的了解，导致决策失误，而尝到了许多不必要的苦头。

无论是在生活中，还是在工作中，一定要把孙子的"五事七计"记在心中，时刻提醒自己在面临决策的时候要保持清醒的头脑，多方考察，最后做出正确的选择。

▬ 原文

将听吾计①，用之必胜，留之；将不听吾计，用之必败，去②之。计利以听③，乃为之势④，以佐其外⑤。势者，因利而制权⑥也。

注释

①将听吾计：将，助动词，表示假设，意为假如、如果。本句意为如果能听从、采纳我的计谋。

②去：离开。

③计利以听：计利，计算、衡量敌我双方的有利或不利条件。以，通"已"，已然、业已。

④乃为之势：乃，于是、就。为，创造、造就。势，态势。意思是指造成一种积极有利的军事态势。

⑤以佐其外：佐，辅佐、辅助。作为辅佐以争取战争的胜利。

⑥因利而制权：因，根据、凭依。制，决定、采取。权，本义是秤砣，用作动词，即掂量轻重，权衡利弊，此处引申为权变、灵活处置。意为根据利害得失情况而灵活采取恰当的对策。

译文

如果能听从我的计谋，指挥作战就一定会取胜，我就留下。假如不能听从我的计谋，指挥作战就必败无疑，我就告辞离去。在精心筹划的方略已被采纳的情况下，还要设法造成一种态势，用来辅佐战略计划的实现。所谓态势，就是依凭有利于己的条件，采取灵活机动的应变措施，以掌握战场上的主动权。

■ 兵法智慧

战前的充分准备必须根据自身具备的优势条件制定相对应的策略。在了解敌情后，采取出其不意的战争策略，能使我方优势更加明显，还能"攻其不备"。出其不意地进行袭击，能在军事上和心理上给敌人造成巨大的压力，从而使敌人在慌乱之中做出错误的判断，采取错误的行动，以至酿成更大的恶果。在这种情况下，再根据自身特点以及敌方出现的混乱局面制定相应的战斗策略，保持并发挥这样的优势，取得战争的胜利就是必然的。

1642年（明崇祯十五年）11月，李自成拟率起义军攻打襄阳明军左良玉部。有人建议应当首先攻打驻汝宁的明军杨文岳部。因为左良玉部刚刚打了败仗，必然对起义军心存畏惧。如果起义军进攻杨文岳部，左良玉部出援的可能性很小；如果起义军进攻左良玉部，则杨文岳部出援的可能性就很大。李自成采纳了这一建议，于13日率起义军攻打杨文岳部。杨文岳亲率战斗力较强的保定兵守汝宁城西，以战斗力较弱的四川兵守城东。李自成采取先弱后强、各个击破的战法，以一部兵力牵制保定兵，以主力攻打四川兵。经一夜激战，起义军击破城东四川兵后，集中优势兵力攻破城西保定兵防线。次日，攻破汝宁城，全歼守敌，俘杨文岳。

这就是了解敌情后对势的调整。当然，除军事外，在政治活动中，特别是外交手段上，对于"优势"和"谋略"也要有一个客观深刻的分析，外交活动对国家在国际上的地位有着举足轻重的影响。出色的外交在于"特别而稳当"，稳当又在于优势的大小和政治立场。因此需"因利制权"。

■ 原文

兵者，诡道也①。故能而示之不能②，用而示之不用③，近而示之远，远而示之近④。利而诱之⑤，乱而取之⑥，实而备之⑦，强而避之，怒而挠之⑧，卑而骄之⑨，佚而劳之⑩，亲而离之⑪。攻其无备，出其不意。此兵家之胜⑫，不可先传⑬也。

注释

①兵者，诡道也：兵，用兵打仗。诡道，诡诈的行为或方式。
②能而示之不能：能，有能力、能够。示，显示、假装。
③用而示之不用：用，用兵。实际要打，却假装不想打。
④近而示之远，远而示之近：实际要进攻近处，却装作要进攻远

处；实际要进攻远处，却显示要进攻近处，致使敌人无从防备。

⑤利而诱之：利，此处作动词用，贪利。诱，引诱、诱使。意为敌人贪利，则用小利加以引诱，伺机进行打击。

⑥乱而取之：乱，混乱。取，乘机进攻，夺取胜利。

⑦实而备之：备，防备，防范。意思是说对付实力雄厚之敌，需严加防备。

⑧怒而挠之：怒，容易生气、愤怒。挠，挑逗、扰乱、骚扰。意为敌人暴躁易怒，就设法挑逗激怒他。

⑨卑而骄之：卑，小、怯。言敌人卑怯谨慎，则应设法使其变得骄傲自大，然后伺机破之。

⑩佚而劳之：佚，同"逸"，安逸、自在。劳，疲劳，用作使动。敌方安逸，就设法使他疲劳。

⑪亲而离之：亲，亲近、团结。离，离间。

⑫兵家之胜：兵家，军事家。胜，奥妙、胜券。

⑬不可先传：先，预先、事先。传，传授、规定。言不能够事先传授，必须根据具体情况灵活应用。

译文

用兵作战，就是诡诈。因此，有能力要装作没有能力，实际上要攻打却装作不攻打，欲攻打近处却装作攻打远处，攻打远处却装作攻打近处。对方贪利，就用利益诱惑他；对方混乱，就趁机攻取他；对方实力雄厚，就要时刻戒备他；对方精锐强大，就要注意避开他的锋芒；对方暴躁易怒，就可以撩拨他，使他失去理智；对方卑怯而谨慎，就使他骄傲自大；对方体力充沛，就使其劳累；对方内部亲密团结，就挑拨离间。要攻打对方没有防备的地方，在对方没有料到的时机发动进攻。这些都是军事家克敌制胜的诀窍，是不可事先规定或说明的。

■ 兵法智慧

"兵者，诡道也。"战争，是一种靠迷惑敌人取胜的行为。孙子提出作战必须用诈的军事观点，体现了一种辩证思维的方式，而这也是贯穿《孙子兵法》的重要战略思想。历史证明：兵不厌诈，兵需用诈。意义在于，可以掩盖敌我双方的作战意图，想方设法利用计谋诱惑、欺骗敌人，从而取得战争优势，获得主动权，创造有利的作战条件，以较小的代价获得较大的利益。从道德方面讲，这种力求以最小的代价来换取最大战争效果的追求，本身就蕴含着人道精神的做法，是其道德立场的曲折体现。

战国时代，孙子的后辈孙膑在其所著兵法中，对"示形""攻其无备，出其不意"等战术，作了具体的发挥。在桂陵和马陵两大战役中，他综合运用了"使怒""使骄""利诱""攻其必救"等战术，取得大胜。秦汉间战事频繁，孙子的诡诈战术为用兵者所熟谙。

魏晋间战争迭起，人们对孙子诡诈战术的运用达到了高潮。有人评论曹操的用兵之术说："其行军用师，大较依孙吴之法，而因事设奇，谲敌制胜，变化如神。"可见曹操对诡诈战术的精通。隋唐时期，孙子的诡诈战术亦为用兵者所重视。唐初名将李靖常与唐太宗讨论兵事，后人根据有关材料，撰成《李卫公问对》一书。书中大量引用孙子"利而诱之，乱而取之""能而示之不能""奇正之变，不可胜穷"等论述。明代抗倭名将戚继光对孙子的诡诈战术也十分赞赏。他经常引用孙子的诡道"不战而屈人之兵""置诸亡地而后存""击其惰归"等，作为制胜敌人的法宝。由此看来，在中国自战国以后的两千多年中，孙子的诡诈战术一直为用兵者所熟知，成为他们作战取胜的指南。

到了近代，虽然武器有了较大的进步，战争的方式也随之发生了重大的变化，但所用的战略战术并没有多大更改。因此，孙子的诡诈战术仍为用兵者所高度重视。太平天国的许多将领和镇压太平天国的曾国藩、胡林翼等人，对于诡诈战术都做过研究。

未来的战争虽然有远射程的洲际导弹和威力无比的核武器，但战争时双方处于对立状态的基本格局不会改变，因此，孙子的诡诈战术在未来的战争中还是极有用的。认真地研究这些战术，汲取其合理的成分，对于加强国防的现代化建设，在未来的战争中机智灵活地击败来犯的敌人，无疑是很有意义的。

▬ 原文

夫未战而庙算①胜者，得算多也②；未战而庙算不胜者，得算少也。多算胜，少算不胜，而况于无算乎③？吾以此观之，胜负见矣④。

注释

①庙算：庙，古代祭祀祖先与商议国事的场所。算，计算、筹算。古代兴师作战之前，通常要在庙堂上商议谋划，分析战争利害得失，制订作战方略。这一作战准备程序就叫作"庙算"。

②得算多也：意为取胜的条件充分、众多。算，即"筹"，古代计数用的筹码，此处引申为胜利的条件。

③多算胜，少算不胜，而况于无算乎：而况，何况。于，至于。言胜利条件具备多者可以获胜，反之，则无法取胜，更何况不曾具备任何取胜条件呢？按，孙子的庙算决胜论实质是实力决胜论。也就是说，实力是基础和前提，诡道是运用和发挥实力的手段与方法。只有实力与诡诈权谲两者完美结合，相辅相成，方能在战争中稳操胜券，所向无敌。

④胜负见矣：见，同"现"，显现。胜负的结果显而易见。

译文

未开战而在庙算中就认为会胜利的，是因为具备的制胜条件多；未开战而在庙算中就认为不能胜利的，是具备的制胜条件少。具备制胜条件多就胜，少就不胜，何况一个制胜条件也不具备的呢？我从这些对比分析来看，胜负的情形就得出来了！

兵法智慧

"庙算"是极富军事智慧的。高明的指挥官和战略家能"运筹帷幄之中，决胜千里之外"就是因为庙算。庙算即根据具体的客观现实制定切实可行的、有效的战术，也称为"计"。"计"是决定胜负的首要因素和前提条件，而且"多算多胜，少算少胜"。战术准备充分必然会使得战争的损耗降低，如此说来，事先的"庙算"是必要的。否则，仓促应战，不明敌情只会造成失败。

在当今的国际战事黎以冲突中，以色列就错误地估计了国际形势对战事双方国参战条件的影响。

黎巴嫩南部与以色列北部接壤。长期以来，黎以一直处于敌对状态。从 20 世纪 60 年代末开始，由于巴勒斯坦游击队转移到黎巴嫩，并以黎作为抗击以色列的基地，因此以色列经常对黎进行军事打击，致使双方冲突不断。1996 年 4 月，为报复真主党武装对以北部的火箭袭击，以对黎南部地区展开大规模军事行动。黎以军事冲突持续了十六天之久，造成黎一百六十多人死亡，数百人受伤，五十多万人沦为难民。26 日，黎以双方达成停火协议。20 世纪 90 年代中期正是美国与几个重量级的国际巨头争霸与反争霸的关键时期。后者已经不同程度地处在了同一战线上，暗中联合起来和美国较劲。正因为如此，美国的霸权之争已经有些步履维艰。在这种情况下，以色列发动看似由真主党挑起的黎以冲突。如果以色列在黎以冲突中占了上风，就等于替美国人争取了主动，让美国可以利用黎以问题上的主动权迫使其他几个巨头在其他问题上做出让步。

因此黎以一开打，以色列就等于把自己摆到了抗美战线的对立面上。所以，尽管以色列公开的对手是真主党，半公开的是叙利亚、伊朗，可是暗地里的对手却远远多于这些。以色列在这场战事中不仅对对方的"算"实在是做得太差，而且对自身的军事力量也没有"算"清楚。经常使用武力尤其是使用武力顺利地达到预期目的，容易让武力的使用者产生错觉，进而滥用武力。以色列和美国都是如此。历次中东战争的不俗表现，使以色列人可以在中东顾盼自雄，而且以色列乃中东军事强国的观念在阿拉伯国家和世界其他国家那里也有相当大的市场。

由此可见，要想在战争中取得胜利，武力不是唯一的条件。对天时、地利、人和等各方面的考虑都要谨慎，每一次作战都应该"未战而庙算"，无论过去有多么辉煌的战绩。"多算胜，少算不胜，而况于无算乎？"以色列辉煌的战绩和强大的军备显然成了这次黎以冲突中以军的绊脚石，使其无法适应新的斗争形势。

本章中的"算"不仅可以用于战事当中，我们在生活中对待理想与现实的时候也需要"算"。我们要正确分析所追求的目标和自己本身的条件，做到扬长避短、有的放矢，切勿好高骛远、盲目追求。换句话说，我们既要有乘风破浪的冲劲，也要有理性的头脑，这样才能让我们的梦想顺利地成为现实。

第二篇

作战篇

曹操曰：欲战必先算其费，务因粮于敌也。

题解 __

发动战争往往是为了谋取一定的利益，比如巩固政权、扩疆拓土、掠夺财物等。从很大程度上来说，战争就是国力的较量，因此长期作战必定损耗国力，导致国内虚空。在分析战争的利弊时，孙武提出了"以战养战""因粮于敌""兵贵胜，不贵久"等思想。

速胜的思想，是孙武军事思想中的重要内容和精彩部分。他们认为，长期用兵会使军队疲惫，锐气挫伤，国家贫困，百姓困苦，其他国家也会乘机进犯，造成很多严重的后果。所以，他们提倡"拙速"，反对"巧久"。两千多年前，孙武能提出速胜的战术思想，是十分难能可贵的。现代战争中，我们经常会提到战役战斗上的速决，同时还会强调战略上的持久。尤其是处在战略防御地位的军队和进行正义战争的弱国抗击强大敌人的入侵时，更要在持久、积极的战略防御中去争取最后的胜利。

孙武在本篇中围绕战争与经济的关系，明确地阐述了物质基础在战争中的重要作用，提出了两条重要的原则：一是"取用于国"（军需物资由国内运送）；二是"在粮于敌"（从敌方获取物资）。前者是后方支援、运输；后者是取之于敌，就地补给。孙武和曹操尤其强调要"因粮于敌"。这条原则在现代战争中也经常被用到。

第二篇　作战篇

▬原文

孙子曰：凡用兵之法：驰车千驷①，革车千乘②，带甲③十万，千里馈粮④，则内外之费⑤，宾客之用⑥，胶漆之材⑦，车甲之奉⑧，日费千金⑨，然后十万之师举⑩矣。

注释

①驰车千驷：驰，奔、驱。驰车，快速轻捷的战车，古代亦称"轻车""攻车"。驷，原称驾一辆车的四匹马，后通指四匹马拉的战车，此处作量词用。此句意为战车千辆。

②革车千乘：革车，一般认为就是守车、重车、辎车。"乘"，辆，也是古代一辆四匹马拉的车子。《说文》："车轭驾马上曰乘，马必四，故四马为一乘。"这里也作量词用。此句的意思是专门用于运载粮草和军需物资的辎重车千辆。

③带甲：戴盔披甲，此处指全副武装的士卒。

④千里馈粮：馈，这里作供应、运送解。当时的战争往往都是深入敌境，远离后方，所以需要有很长的后勤补给线，跋涉千里辗转运

输粮草。

　　⑤则内外之费：内外，这里指前方、后方。此句意为前方后方的开支花费。

　　⑥宾客之用：宾客，诸侯使节以及游士。此句指招待诸侯国使节、游士的费用。

　　⑦胶漆之材：通指制作和维修弓矢等军用器械的物资材料。

　　⑧车甲之奉：车甲，车辆、盔甲。奉，同"俸"，费用、开销。此句泛指武器装备保养、补充的开销。

　　⑨日费千金：千金，巨额钱财。每天都要花费大量的财力。

　　⑩举：出动。

译文

　　孙子说：要兴兵作战，需要准备的物资有：轻车千辆，重车千辆，全副武装的士兵十万，并向千里之外运送粮食，那么前后方的军内外开支，招待使节、策士的用度，用于武器维修的胶漆等材料费用，保养战车、甲胄的支出等，每天要消耗千金。按照这样的标准准备之后，十万大军才可出发上战场。

兵法智慧

　　"兵马未动，粮草先行。"孙子的这句名言千百年来在民间口耳相传。"粮草"是一个统称，指的是战争物资。要上战场了，要去收复失地或占领城池了，为"举十万师"保驾护航的是战争物资。在古代战争中所需准备的东西，孙子在这里为我们列了清单：轻车千辆，重车千辆，全副武装的士兵十万，向千里之外运送粮食，前后方的军内外开支，招待使节、策士的用度，用于武器维修的胶漆等材料费用，保养战车、甲胄的支出等，每天要耗费千金。孙子还说，只有这些物资储备充足了，才能不使前期的苦心策划付之东流，才能一鼓作气打个大胜仗。

人生如战场，要在自己的生活中打个大胜仗，同样要准备充足的物资。这里的物资自然不是战车粮草，而是知识的储备，经验的积累。

在我国的体育界，有很多优秀的运动员都为了自己的目标而努力奋斗着，并坚持不懈为自己的人生战场准备着"物资"。

童年的邓亚萍，因为受当时任体育教练的父亲影响，立志要做一名优秀的运动员。但是她个头矮小，手脚粗短，根本不符合体校的要求，体校的大门没能向她敞开。于是，年幼的邓亚萍跟父亲学起了乒乓球，父亲规定她每天在练完体能课后，还要做一百个发球接球的动作。当时的邓亚萍虽然只有七八岁，但为了能使自己的球技更加熟练，基本功更加扎实，便在自己的腿上绑上了沙袋，而且把木牌换成了铁牌。腿肿了！手掌磨破了！——这是家常便饭，但她从不叫苦，不喊累。负责训练的父亲，有时都心疼得掉眼泪。

付出总有回报，勤学苦练之下，十岁的邓亚萍便在全国少年乒乓球比赛中获得团体和单打两项冠军。

进入国家队后，邓亚萍总是超额完成自己的训练任务。每一节训练课下来，汗水都会湿透衣服、鞋袜，有时甚至连地板也会浸湿一片。

长时间从事大运动量、高强度的训练，致使邓亚萍身体很多部位都是伤病。为对付腰肌劳损，她不得不系上宽宽的护腰。膝关节脂肪垫肿、踝关节几乎长满了骨刺，平时只好忍着，实在痛得厉害了就打一针封闭。脚底磨出了血泡，就挑破它再裹上一层纱布接着练。就算是伤口感染，挤出脓血也要接着练。

而这样刻苦的训练也终于为她带来了巨大的荣誉——她先后十四次获得世界冠军头衔。在乒坛世界排名连续八年保持第一，是排名世界第一时间最长的女运动员。也是第一位蝉联奥运会乒乓球金牌的运动员，获得过四枚奥运会金牌，其中包括单打和与乔红组合的双打。邓亚萍的出色成就，改变了世界乒乓球坛只在高个子中选拔运动员的传统观念。

人生一世不可虚度，我们每个人都有自己的战场，如果你想赢，就要准备好"物资"，厚积而薄发。然而准备的过程是艰辛的，你准备好了吗？

■ 原文

其用战也胜①，久则钝兵挫锐②，攻城则力屈③，久暴师则国用不足④。夫钝兵挫锐，屈力殚货⑤，则诸侯乘其弊而起⑥，虽有智者，不能善其后矣⑦。故兵闻拙速，未睹巧之久也⑧。夫兵久而国利者，未之有也⑨。故不尽知用兵之害者，则不能尽知用兵之利⑩也。

注释

①其用战也胜：胜，取胜，这里作速胜解。指在战争耗费巨大的情况下用兵打仗，就要求做到速战速胜。

②久则钝兵挫锐：钝，疲惫、困乏。挫，挫伤。锐，锐气。意为用兵旷日持久就会导致军队疲惫，锐气挫伤。

③攻城则力屈：力屈，指力量耗尽。屈，通"绌"，竭尽。

④久暴师则国用不足：暴，露，"曝"的本字。国用，国家的开支。意为长久陈师于外就会给国家经济造成困难。

⑤屈力殚货：殚，枯竭。货，财货，此处指经济。指力量耗尽，经济枯竭。

⑥诸侯乘其弊而起：弊，疲困，此处作危机、危难解。其他诸侯国家便会利用这种危机前来进攻。

⑦虽有智者，不能善其后矣：后，后事，此处指败局。意为即便有智能超群的人，也将无法挽回既成的败局。

⑧兵闻拙速，未睹巧之久也：所以，在实际作战中，只听说将领缺少高招难以速胜，却没有见过指挥高明巧于持久作战的。

⑨夫兵久而国利者，未之有也：意为长期用兵而有利于国家的情况，从来不曾有过。

⑩不尽知用兵之害者，则不能尽知用兵之利：不尽知，不完全了解。知，了解、认识。害，害处、危害。利，利益、好处。意为必须充分认识用兵的危险性。

译文

因此，军队作战就要求速胜，如果拖得很久则军队必然疲惫，挫失锐气。一旦攻城，则兵力将耗尽，长期在外作战还必然导致国家财力不足。如果军队因久战疲惫不堪，锐气受挫，军事实力耗尽，国内物资枯竭，其他诸侯必定趁火打劫。即使足智多谋之士也无良策来挽救危亡了。所以，在实际作战中，只听说将领缺少高招难以速胜，却没有见过指挥高明巧于持久作战的。战争旷日持久而有利于国家的事，从来没有过。所以，不能详尽地了解用兵的害处，就不能全面地了解用兵的益处。

兵法智慧

用兵作战很多时候是在与时间较量。首先，因为战争需要大量人力物力的支持，长期作战就会加重国民生产的负担，导致国库虚空。没有了后方的支持力量，战争会很难再继续，失败也就是必然的了；其次，士兵在外长期作战必定会劳累过度，而且离家时间长了思乡情结难免加重，必然会无心应战，这些同样会导致战争的失败。因此，作战提倡速战速决，一方面可以减少财力的消耗，另一方面快速作战军队士气高昂，胜利的机会也会加大。孙子提出的"速战速决"，对用兵作战具有重要的指导意义。

这一理论在现实生活中同样适用。生活和工作中，当我们面临机遇时就如面临战场一样，变数和风险是永远存在的。只有深谙"速战速胜，缓而败之"的道理，才有可能获得成功。众所周知，比尔·盖茨的成功就是面临机遇时速战速决而取得胜利的最好例子。

20世纪70年代之前，计算机中的大型机占据着主导市场，它们藏身于高等学府的实验室或科学家们的科研室中，需要多人站立操作。构成它们的元件十分庞大，如果强行缩小配置又不够大，也没有正式的计算机程序语言。当时，家庭计算机甚至没有走入人们的意识里。

1975年，比尔·盖茨还是哈佛大学法律系二年级的学生，一天他在《大众电子学》封面上看到Inter个人计算机的照片，这一发现使从小就在计算机方面显示出过人才能的比尔·盖茨兴奋不已。他相信个人计算机的时代即将到来。

比尔·盖茨主动给MJTS公司的老板写信，要为他的个人电脑配备BASTC解释程序。这套简单的程序让濒临破产的艾德·罗伯茨凭借可以简单操作的微型计算机重新获得了生机。几乎在一夜之间，MJTS公司所收到的现款不但填平了三十万美元的赤字，而且还有了二十五万美元的盈余。拥有个人计算机的机会吸引着成千上万的人，他们把支票和汇款寄往他们从来没有听说过的公司。更有一些计算机迷乘坐飞机来到阿尔伯克基，希望能够更快地得到个人计算机。后来比尔·盖茨从哈佛中途退学，和艾伦创办了自己的公司，这就是现在闻名退迩的"微软"。

1973年，比尔·盖茨和一起在哈佛大学念书的科莱特成为好友。两人都是具有创新能力的天才。1975年比尔·盖茨决定退学，他邀请科莱特的时候，科莱特觉得他的想法简直不可思议，所以拒绝了。而在比尔·盖茨小有成就，注册了自己的公司之后，再次邀请已经毕业了的科莱特，同样被他拒绝了。

1992年，科莱特终于拿到了博士学位。这时，大二退学的比尔·盖茨个人资产仅次于华尔街大亨巴菲特，达到六十五亿美元，成为美国第二大富豪。

1995 年，科莱特认为自己已具备了足够的学识，可以研究和开发 32Bit 财务软件了，而比尔·盖茨则绕过 Bit 系统，开发出 Eip 财务软件，它比 Bit 快一千五百倍，并且在两周内占领了全球市场，这一次他成为了全球首富。

科莱特后来终于进入微软公司，并很快成为微软的中坚力量。但比尔·盖茨却在这时急流勇退，捐献出自己的全部财产回馈社会。于是比尔·盖茨在全球首富和创业神话之上，又加了一个著名慈善家的称号。科莱特是一个事事要准备周全，在机遇面前仍然稳坐江山的人才，但似乎总是晚了一步。

卡耐基曾经说过："我们多数人的毛病是，当机会朝我们冲奔而来时，我们兀自闭着眼睛，很少人能够去追寻自己的机会，甚至在绊倒时，还不能见着它。"

就连比尔·盖茨自己也说："该创业的时候，不能因为自己的某一点条件没有具备就去等待。事实上，要等到哈佛大学毕业后再创业，那么现在的世界首富肯定不会是我，我敢肯定。"

■ 原文

善用兵者，役不再籍①，粮不三载②。取用于国③，因粮于敌④，故军食可足也。国之贫于师者远输⑤，远输则百姓贫⑥。近于师者贵卖⑦，贵卖则百姓财竭，财竭则急于丘役⑧。力屈、财殚，中原内虚于家⑨。百姓之费，十去⑩其七；公家之费⑪，破车罢马⑫，甲胄矢弩⑬，戟楯蔽橹⑭，丘牛大车⑮，十去其六。故智将务食于敌⑯，食敌一钟⑰，当吾二十钟；其秆一石⑱，当吾二十石。

注释

①役不再籍：役，兵役。籍，本义为名册，此处用作动词，即登记、征集、按名籍征发。

②粮不三载：三，多次。载，运输、运送。粮草不多次运送。

③取用于国：武器装备由国内供应。

④因粮于敌：因，依靠、凭借。粮草给养依靠在敌国就地解决。按，"取用于国""因粮于敌"是孙子军事后勤思想的核心内容。

⑤国之贫于师者远输：师，指军队。远输，远道运输。此句意思是说国家之所以因用兵而导致贫困，是由于军粮的远道运输。

⑥远输则百姓贫：远道运送就会造成百姓的贫匮。

⑦近于师者贵卖：近，临近。贵卖，指物价飞涨。意为临近军队驻扎点地区的物价就飞涨。按，古代往往在军队驻地附近设置军市，以供交易。

⑧丘役：丘，古代的地方行政区划单位。古代以丘为单位征集的赋税。丘役的意思是军赋。

⑨中原内虚于家：中原，此处指国中。此句意为国家百姓之家因远道运输而变得贫困、空虚。

⑩去：耗去、损失。

⑪公家之费：公家，国家。费，费用、开销。

⑫罢马：罢，同"疲"。疲惫不堪的马匹。

⑬甲胄矢弩：甲，护身的铠甲。胄，头盔。矢，箭镞。弩，弩机，一种依靠机械力量发射箭镞的弓，在当时为杀伤力颇大的新式武器。

⑭戟楯蔽橹：戟，古代戈、矛功能合一的兵器。楯，同"盾"，盾牌。蔽橹，用于攻城的大盾牌。甲胄矢弩、戟楯蔽橹是对当时攻防兵器与装备的泛指。

⑮丘牛大车：丘牛，从丘役中征集来的牛。大车，指载运辎重的牛车。

⑯智将务食于敌：智将，明智的将领。务，务求、力求。意为明智的将帅总是务求就食于敌国。

⑰钟：古代的容量单位。每钟六十四斗。

⑱萁秆一石：秆，泛指牛、马等牲畜的饲料。石，古代的重量单位。每石一百二十斤。

译文

善于用兵的人，不用再次征集兵员，不用多次运送军粮。武器装备由国内供应，从敌人那里设法夺取粮食，这样军队的粮草就充足了。国家之所以因作战而贫困，是由于军队远征，不得不进行长途运输，长途运输必然导致百姓贫穷。驻军附近物价必然飞涨，物价飞涨，必然导致物资枯竭，物财枯竭，赋税和劳役必然加重。在战场上，军力耗尽，国内财源枯竭。百姓私家财产损耗十分之七。公家的财产，由于车辆破损，马匹疲惫，盔甲、弓箭、矛戟、盾牌、牛车的损失，而耗去十分之六。所以明智的将军一定要从敌国解决粮草，从敌国搞到一钟的粮食，就相当于从本国启运时的二十钟，在当地取得饲料一石，相当于从本国启运时的二十石。

■ 兵法智慧

战争消耗巨大，必须从国内征收沉重的赋税给予战争强大的支持，长期则会加重人民的负担，必然使得百姓贫穷，民怨声声，更可怕的是财物枯竭。"军无粮食则亡"而"以战养战"的军事思想是人性化的体现之一，也是军事重视后勤保障思想的体现。在外作战，将帅首先要做的是夺取敌人的粮草，这样一方面会使敌人物资短缺，消耗敌人的力量；另一方面，还能使得我方的粮草得到补充；同时这样得到的粮食，比起在国内运输至前线要节约很多的运输成本，可谓"一箭三雕"。

一个国家立足于世界之林，个人的力量有限，充其量不过是森林中的一棵树。因此，我们必须学会借助别人的力量，使自己站在有利的位置，同样也使战斗力加强。"联盟"这个概念运用于国家管理中就好比"以战养战"，联盟国家之间必定也会有利益冲突，但是这并不妨碍国家在世界大范围的竞争，只要竞争力得以加强，自然就会把别人比下去了。因此，"因粮于敌，以战养战"的思想同样适合政治层面。

1938 年秋，抗日战争进入相持阶段后，日本帝国主义对中国共产党领导的解放区进行了疯狂的围剿，他们奉行"三光"政策，把解放区、中国共产党逼到了绝境。国民党反动派则秉承着"攘外必先安内"的糊涂政策，置中国人民于不顾，先后调集八十多万军队配合日寇对抗日根据地进行军事包围和经济封锁。再加上华北地区连年遭受自然灾害，抗日根据地困难重重。1941 年和 1942 年几乎缺衣断粮，工作人员冬天都没有被子盖。当时中央领导们穿的是打着补丁的破衣服，吃的是黑豆、秕糠、野菜。大批战士由于营养不良患上了多种疾病。寒冬腊月，冰天雪地，不少干部战士只穿着夹衣，光着脚。由于内部生活艰难，加之外部敌人的进攻，革命力量受到了严重的削弱。

1939 年 2 月，中共中央在延安召开了生产动员大会，中央领导同志出席会议并作了重要讲话。会议后，在党中央"自己动手、丰衣足食"的伟大号召下，各根据地军民很快掀起了大生产运动的热潮。

从 1939 年起，大生产运动首先在陕甘宁边区开展了起来。经过几年的努力，到 1942 年，陕甘宁边区的部队、机关、学校普遍实现了部分自给，有的实现了取之于己超过了取之于民。

这不是完全意义上的"就地取食，以战养战"，但又是更高层意义上的"就地取食，以战养战"。我们伟大的党在"因粮于敌"无门，在革命根据地也没有物资的情况下，开辟了第三条路——实现军队物资的自给自足，不仅如此，还带动了根据地人民生产的发展。

战争的残酷和战争带给人的绝望，是生活在和平年代的人无法体会的。但和平年代的我们在工作和生活中也有四面楚歌、陷入绝境的时候，在这个时候你是怎样战斗的呢？

许多人都抱怨工作的乏味，甚至抱怨工作对自己的摧残。如果说工作是一场战争，我们在不得不持久参战的情况下，已经人疲马乏，弹尽粮绝。怎样才是明智的选择？孙子在这里告诉我们要"就地取食，以战养战"，也就是说，我们要在工作中汲取营养，找到乐趣，从而享受工作。

■ 原文

故杀敌者，怒也①；取敌之利者，货也②。故车战，得车十乘已③上，赏其先得者，而更其旌旗④，车杂而乘之⑤，卒善而养之⑥，是谓胜敌而益强⑦。

注释

①杀敌者，怒也：军队英勇杀敌，关键在于激励部队的士气。

②取敌之利者，货也：货，财物。这里指用财物进行奖赏，以调动广大官兵杀敌制胜的积极性。句意为要让军队夺敌资财，就必须先依靠财物奖赏。

③已：同"以"。

④更其旌旗：更，变更、更换。旌旗，古代用羽毛装饰的旗帜，是重要的军中指挥号令工具。意为在缴获的敌军战车上更换上我军的旗帜。

⑤车杂而乘之：杂，掺杂、混合。乘，驾、使用。意为将缴获的

敌方战车和我方车辆掺杂在一起，用于作战。

⑥卒善而养之：卒，俘虏、降卒。意为优待被俘虏的敌军士卒，使之为己所用。

⑦胜敌而益强：益，增加。指在战胜敌人的同时使自己变得更加强大。

译文

所以，要使士兵拼死杀敌，就必须怒之，激励之。要使士兵勇于夺取敌方的军需物资，就必须以缴获的财物作为奖赏。所以，在车战中，抢夺十辆车以上的，就奖赏最先抢得战车的。而夺得的战车，要立即换上我方的旗帜，把抢得的战车编入我方车队。要善待俘虏，使他们有归顺之心。这就是战胜敌人且使自己愈发强大的方法。

兵法智慧

俗话说：得民心者得天下。战场上杀敌，仅依靠将领们武艺高强、了解敌我双方的情况是远远不够的。战场上真正的主角是一群训练有素，杀敌勇敢无畏，有着"我自横刀向天笑"的豪迈情怀的士兵。所以，能够对士兵们进行战前思想动员和战斗力的激发是战事中制胜的关键。

激励士兵的士气在你死我活的战场上确实能够创造奇迹。项羽早年发迹的时候，"巨鹿之战"让他一战成名，奠定了他楚霸王的威名。而在这闻名于世的一战中，激励士气的破釜沉舟也被世人广为传颂。

公元前 207 年 12 月，秦军大将章邯率二十万大军围攻赵国，并调王离二十万大军围困赵王于巨鹿。赵王无奈向楚怀王求救，楚怀王派宋义为上将，项羽为副将，率军六万余北上救赵。

谁知宋义率军到了安阳就停了下来，一连四十六天按兵不动。他是惧秦军人多势众，所以打算在秦军与赵军打完了之后再出兵，坐收渔翁之利。不仅如此，他还在军中大吃大喝，全然不顾将士们忍饥挨饿。项羽几次建议进兵未果，便进营帐痛斥其行为并杀了他。士兵们于是拥护项羽为上将。

项羽随即派一队人马断了敌人的粮草，后亲自率领部队渡过黄河。过黄河之后，项羽先让将士们好好地大吃了一顿，然后就把过河的舟船凿沉，砸了做饭的锅，烧掉营房，只带三天的干粮。项羽断了将士们的后路，并鼓励他们：打败秦军就有吃的了。

战事拉开序幕，将士们无路可退，只能奋勇杀敌，以一当十，杀得敌人闻风丧胆，救援秦军的诸侯望而却步，不敢上前。项羽以少胜多大破秦军二十万，迫使剩下的二十万军也在不久后投降归顺。

巨鹿之战后，项羽声名大振，威慑诸侯。这与他自身的骁勇善战和善于激励士气是不可分的。但是也和秦国暴政失去民心有关。大秦王朝短短十几年的统治就灭于他人之手，其暴政悲剧其实在统一六国之时，秦国对待俘虏的态度中就初见端倪。

公元前 262 年，秦昭王下令攻打韩国，秦军攻下了韩国的交通要塞野王城，切断了韩国战略要地上党郡的信息交通，韩国惊恐。

韩国国君决定割让上党给秦国以求和，不料上党郡守冯亭坚决不降秦，他上书赵王，要把上党郡奉上以求得赵王救援。当时赵国曾对此事进行商讨，一部分大臣不同意接收上党郡，认为倘若接收上党郡，那么秦赵之间必有一战。但是一部分臣子包括赵王，贪图眼前的利益，决定发兵上党郡。

秦国大怒，发兵伐赵，两军相遇长平，爆发了历史上著名的"长平之战"。当时赵王派廉颇为此战主将，廉颇采取不应战、坚守城池以逸待劳的打法，拖住秦军三年之久，秦军后勤供给渐渐吃力。于是用千金使了一个离间计，散布谣言说廉颇贪生怕死，不敢应战。赵王中计，召回廉颇，重新派去大将赵括。赵括其人狂妄自大，只会纸上谈兵。他当上主帅后，在尚不知敌军实力情况下，即下令全军迎战，盲目进攻。秦将白起一看正中下怀，他佯装退败诱敌深入，把赵军引进了包围圈，分三段歼灭。双方野战数月，赵军弹尽粮绝，溃不成军，赵括被射杀，四十万赵军群龙无首，全部投降。

白起表面上说会善待赵军，身强力壮者会编入秦军，而老弱病残的士兵则可以回到赵国，甚至以酒肉相待。正当赵军放松警惕、丢盔弃甲之时，白起却下令坑杀（活埋）赵军，仅留下二百四十个年龄尚小的赵兵回赵国报信，以震慑六国。四十万毫无防备的赵军俘虏全部被坑杀。消息传入赵国，整个国家"子哭其父，父哭其子，兄哭其弟，弟哭其兄，祖哭其孙，妻哭其夫，沿街满市，号痛之声不绝"。

秦国坑杀赵军，在当时确实起到了一定的威慑作用。但是，在这之后，赵国上下一心，坚决抵抗，对秦国仇深似海。在秦国统一的道路上起了一定的阻碍作用，即使在秦统一之后，赵国军民仍然伺机而动。大秦王朝坑杀的伎俩在统一后也用过——焚书坑儒。但也正是这些天理不容的暴政为后来人民的反抗埋下了火种。秦王朝辛苦打下来的江山，在秦二世手中就宣告灭亡了。

都说看一个人的水平怎么样，看这个人如何对待敌人就知道了。对手可以使你奋发，也可以使你强大。善待对手才是真英雄。

原文

故兵贵①胜，不贵久。故知兵之将②，生民之司命③，国家安危之主也④。

注释

①贵：重，推重。

②知兵之将：知，认识、了解。指深刻懂得用兵之法的优秀将帅。

③生民之司命：生民，泛指一般民众。司命，星宿名，主死亡。意为普通民众命运的掌握者。

④国家安危之主也：主，主宰。国家安危存亡的主宰者。

译文

所以，作战最重要、最有利的是速胜，最不宜的是旷日持久。真正懂得用兵之道、深知用兵利害的将帅，掌握着民众的生死，主宰着国家的安危。

■ 兵法智慧

战争宁可"拙胜",不求"巧久",战争的危害性使其必须与时间做一做较量。时间是胜利的保证,曹刿论战时说过"一鼓作气,再而衰,三而竭",说明锐气很重要,士兵缺乏战斗力就会不战而败,只有争取到时间才能保证士气一直高昂,后方物资充裕才能保证军事开支,而两者都是作战的基本需要。另外,战况是瞬息万变的,此时的计谋也只能在一定的时间内起到有效的作用,错过时机便失去了夺取胜利的良机。因而战争必须"速战速决",而不可久战。

古代军事历史中,因延误战机而导致整场战争失利的例子不在少数。

周赧王四十五年(公元前 270 年),秦军派大军围困阏与(今山西和顺县)。赵惠文王急召名将廉颇商议,问阏与是否能解救,廉颇认为:阏与距邯郸非常远,而且道路崎岖险阻,很难救援。赵惠文王又召乐乘商议,乐乘的想法和廉颇一样。赵王又召赵奢商议。赵奢认为:这段路险阻绵长,要去救援,就像两只老鼠在洞里争斗,骁勇的将领能取胜。赵奢的想法与赵王不谋而合。于是,赵王任命赵奢为将,率军去解阏与之围。

当时,秦军在围困阏与的同时,派出一支部队向东直插武安(今河北武安县西南),以成犄角之势,牵制赵军的救援行动。赵奢通过侦察得知这一情况,从邯郸出发行军三十里就下令安营扎寨,命令加固营垒,按兵不动。为隐蔽作战意图,又下令:"胆敢谏言采取军事行动的人,一律处死。"秦军驻扎在武安城西,列阵大喊大擂,武安城内的屋瓦都震动了。军中有一人忍不住建议火速去救武安，立即被赵奢斩首。就这样，坚持了二十八天，赵奢下令再次加固营垒，形成一种赵军怯弱只想保邯郸的假象。秦军派遣间谍潜入赵军打探虚实，赵奢假装不知，暗中下令让他自由行动，用好吃好喝招待他，并放他回了秦营。间谍把赵军的情况报告给秦军将领，秦将非常高兴，认为阏与即可攻取，便放松了警惕。

秦军间谍走后，赵奢立即下令，集合部队，卷甲而趋，疾驰两天一夜赶到距阏与五十里的地方安营扎寨。秦军听说后，慌忙派军前往迎敌。这时，赵军中有一位名叫许历的军士向赵奢建议："秦军来势凶猛，将军一定要集中兵力对付。"赵奢问："该如何应付？"许历说："发兵万人抢占阏与北山高地，先到者必胜，后到者必败。"

赵奢采纳了许历的建议，立刻发兵万人，抢占了北山制高点。秦军赶到后，争夺北山制高点，却无法攻占，拥挤于山下，形势十分被动。赵奢利用有利地势，居高临下，指挥全军猛烈攻击秦军。秦军大败，撤去对阏与的围困，逃回了秦国。

阏与之战，使秦国遭受了一次重大的挫折，很多年都不敢轻举妄动，恐怕重蹈阏与的覆辙。班师回朝后，赵惠文王封赵奢为马服君，与廉颇、蔺相如平起平坐，又封许历为国尉。

"兵贵胜，不贵久"的思想关键在于做好战前的准备和谋略之后，要迅速出击，以快攻配合作战，否则就会贻误战机。曹操说："拖延过久则不利。"战争如同火一样，不能很好地控制，就会烧了自己。战场形势瞬间变化，一方面战术谋略只在一定时间内有最佳效果，而抢占先机是赢的基础；另外一方面，在信息化日益密集的战场，快、准的特点是战争形势的需要，一旦被对方看穿，先下手为强，就会使我方被动，事先准备的策略和谋划就会全部泡汤。

第三篇

谋攻篇

曹操曰：欲攻敌，必先谋。

题解 ▂

　　孙武在本章提出："不战而屈人之兵，善之善者也。"用兵作战最佳的战果是不战而胜，依照"伐谋""伐交""伐兵"的顺序安排战术，花最小的代价争取最大的利益。然后，分析国君和将领的作用，充分了解敌情，根据敌情做战术安排，以求"知己知彼，百战不殆"。

第三篇　谋攻篇

▬ 原文

孙子曰：凡用兵之法：全国为上，破国次之^①；全军为上，破军次之^②；全旅为上，破旅次之；全卒为上，破卒次之；全伍为上，破伍次之。是故百战百胜，非善之善者也^③；不战而屈人之兵，善之善者也^④。

注释

①全国为上，破国次之：全，完整、全部。国，在春秋时指的是国都或大城邑。破，攻破、击破的意思。按，国在这里也可以理解为国家，因为古人一般以国都代指整个国家。此句的意思是以实力为后盾，迫使敌方城邑完整地降服为上策，而通过战争交锋，攻破敌方的城邑则稍差一些。

②全军为上，破军次之：军，本义为驻屯，后来泛指军队，也是军队的一个编制单位。此处当是后义。意为能使敌人的"军"完整地降服是上策，击破敌人的"军"则略逊一筹。以下"全旅""破旅"，"全卒""破卒"，"全伍""破伍"等句，也是这一观点的不同表述。

③是故百战百胜，非善之善者也：善，好、高明。所以，百战百

胜算不上是最高明的。

④不战而屈人之兵，善之善者也：屈，屈服、降服，用作使动。不通过交战就降服全体敌人，才是最高明的。

译文

孙子说：战争的原则是：使敌人举国降服是上策，用武力击破敌国就次一等；使敌人全军降服是上策，击败敌军就次一等；使敌人全旅降服是上策，击破敌旅就次一等；使敌人全卒降服是上策，击破敌卒就次一等；使敌人全伍降服是上策，击破敌伍就次一等。所以，百战百胜算不上是最高明的，不交战就降服全体敌人才是最高明的。

兵法智慧

战争是国家力量的较量，因此难免会消耗大量的物资与人力，正因为战争对人力物力的依赖性太强，所以除了"速战速决""因粮于敌，以战养战"这些以最小的物资消耗而取得胜利的方法外，还有一种情况是不费一兵一卒和丝毫的军需储备就取得胜利，因而战争的最好结果是"不战而胜"。这便是孙子认为的战胜敌人的最高境界，也是孙子"功利"之心避害趋利的体现。

孙子不仅是一位出色的军事理论家，而且也是一位实战家，他一生曾打过无数次胜仗。尽管如此，但他却提出了"武力进攻不是上策"的口号，看似不合情理，实则十分合理。

名垂青史的汉朝名将霍去病，就曾凭借着自己一身的霸气不战而屈人之兵。

霍去病是汉武帝皇后卫子夫和大将卫青的外甥，他从小受舅舅的影响，不屑于和其他的贵公子为伍，他精于骑射，熟读兵法，希望有一天能驰骋沙场。元朔六年（公元前 123 年），霍去病主动请缨参加漠南之战，获封骠姚校尉，随军出征。霍去病善于长途奔袭，率领八百精骑深入敌军，斩敌无数，并俘敌人首领。汉武帝赞他勇冠三军。骁勇无比的霍去病在漠南之战第二年的秋天河西受降，就上演了不战而屈人之兵的神话。

河西大战之后，匈奴王对浑邪王的战败不能容忍，决定处决他。浑邪王听到了消息便想和休屠王投降汉朝。汉武帝不知匈奴二王投降的真假，遂派霍去病前往黄河边受降。霍去病过了黄河之后，匈奴军队果然发生了哗变。霍去病只带了数名亲兵直捣匈奴大营，面对数万匈奴兵毫无惧色，命浑邪王立即处理哗变的兵士，他的气势完全镇住了匈奴的将士，于是顺利受降。

的确，战争的目的是胜利，不是为了牺牲自己的生命。以夺取他人的利益或只为了自己的利益而战的战争注定会失败。

在工作和生活中，与他人产生分歧和矛盾是不可避免的。在解决这些矛盾时，争一时的口舌之快暂时占了上风，并不代表你在人际关系处理中取得了胜利。兵不血刃，吃亏是福，得人心才是长久的胜利之道。

马克·吐温与一个庄园的庄主有一些矛盾，有一次马克·吐温去散步，在一个狭窄的只容一个人通过的小路上与这个农场主狭路相逢，那位农场主斜着眼睛说："我从来不给狗让路。哼！"说完别过头去不再看他。马克·吐温笑着说："而我恰恰相反。"马克·吐温退让了一步，也巧妙地回击了他，那个农场主十分尴尬。马克·吐温宽大幽默而又睿智的性格，让他在文学创作的道路上取得了辉煌的成就。

吃亏不是无原则地退让，就如你身在战场就不能不拿武器。吃亏是不斤斤计较的人生境界，是一种达观睿智的处世哲学。如果你不狭隘地争夺那点小小的风头，你就会收获平和，也同时收获他人的尊重和宽容。所以不要总是追求剑拔弩张的胜利，那不是真正的胜利，而是你行走于世的障碍。

▬ 原文

故上兵伐谋①，其次伐交，其次伐兵②，其下攻城。攻城之法③，为不得已④，修橹轒辒⑤，具器械⑥，三月而后成；距闉⑦，又三月而后已⑧。将不胜其忿而蚁附之⑨，杀士三分之一，而城不拔者⑩，此攻⑪之灾也。故善用兵者，屈人之兵而非战也⑫，拔人之城而非攻也⑬，毁人之国而非久也⑭。必以全争于天下⑮，故兵不顿而利可全⑯，此谋攻之法也⑰。

注释

①上兵伐谋：上兵，上乘的用兵之法。伐，进攻、攻打。谋，谋略。伐谋，以谋略攻敌赢得胜利。用兵的最高境界是用谋略胜敌。

②伐兵：兵，此处指进行野战。通过军队间交锋一决胜负。

③法：途径，手段。

④为不得已：言实出无奈而为之。

⑤修橹轒辒：修，制作、建造。橹，即以藤革等材料制成的大盾牌。轒（fén）辒（wēn），攻城用的四轮大车，用大木制成，外蒙生牛皮，可以容纳兵士十余人。制造大盾和攻城的四轮大车。

⑥具器械：具，准备。准备攻城用的各种器械。

⑦距闉：闉（yīn），小土山。为攻城做准备而堆积的高出城墙的土山。

⑧已：完成，竣工。

⑨将不胜其忿而蚁附之：胜，克制、制服。忿，愤懑、恼怒。蚁附之，指驱使士兵像蚂蚁一般爬梯攻城。如果将领难以抑制焦躁的情绪，命令士兵像蚂蚁一样爬墙攻城。

⑩杀士三分之一，而城不拔者：士，士卒。杀士三分之一，言使三分之一的士卒被杀。拔，攻占城邑或军事据点。

⑪攻：此处特指攻城。

⑫屈人之兵而非战也：言不采用直接交战的办法而迫使敌人屈服。

⑬拔人之城而非攻也：意为夺取敌人的城池而不靠硬攻的办法。

⑭毁人之国而非久也：非久，不旷日持久。指灭亡敌国而无须旷日持久。

⑮必以全争于天下：此句意为一定要根据全胜的战略争胜于天下。

⑯故兵不顿而利可全：顿，同"钝"，指疲惫、受挫折。利，利益。全，保全、万全。既不使国力兵力受挫，又获得了全面的胜利。

⑰此谋攻之法也：法，原则、宗旨。这就是以谋略胜敌的最高原则。

译文

所以，上等的军事行动是用谋略挫败敌方的战略意图或战争行为，其次就是用外交战胜敌人，再次是用武力击败敌军，最下之策是攻打敌人的城池。攻城，是不得已而为之，制造大盾牌和四轮车，准备攻城的所有器具，起码得三个月。堆筑攻城的土山，起码又得三个月。如果将领难以抑制焦躁的情绪，命令士兵像蚂蚁一样爬墙攻城，那么即使士兵死伤三分之一，城池也不一定能够攻下，这就是攻城带来的灾难。所以善用兵者，不通过打仗就使敌人屈服，不通过攻城就使敌城投降，摧毁敌国不需长期作战。一定要用"全胜"的策略争胜于天下，从而既不使国力兵力受挫，又获得了全面的胜利。这就是谋攻的方法。

兵法智慧

在这里，孙子提出了四种作战形式："伐谋""伐交""伐兵""攻城"。伐兵是最不可取的，这样会造成最大程度的物资消耗。因而用兵作战应该首选伐谋，它花的力气和财力最少，兵法认为它是作战的最佳选择。孙子指出，战争是军事力量的较量，更是用兵谋略的较量，而谋略也是两军将领智谋的较量。兵不厌诈，孙子从来没有避讳对于谋略的使用，而且他是非常赞成用兵者缜密思考、以智取胜的。

如果领兵者能够运用智慧，缜密思考，那么他就是一个以胜利为目的、不意气用事的合格将领。这样的人，在战争中才会控制自己的情绪，指挥若定，从而实现最后全面的胜利。

项羽经过巨鹿之战，实力大增。自封为西楚霸王后，把领地分封给各诸侯，后来夺了他江山的汉王刘邦得到了巴、蜀、汉中三郡。

刘邦欣然受命，为了向项羽表明自己没有野心，没有向东扩张的意图，他一把火烧了栈道，他的举动从某种程度上确实迷惑了项羽，使项羽放松了对他的警惕。但是刘邦的心思远远不止于此，他经过一段时期的养精蓄锐，精心筹划，具备了一定的实力后，便趁机准备迅速挥师东进，誓与项羽一争高低。但是当时栈道已毁，项羽亦风头正劲，明打强攻肯定不行，于是为汉朝立下汗马功劳的韩信为刘邦献出一计："明修栈道，暗渡陈仓"。

陈仓是一个地名，其与关中之地有险山峻岭阻隔，又有重兵把守，为首的将领是能征善战的狠角色雍王章邯，而刘邦想要进入关中就必须由此经过。

刘邦按依照韩信的计策，让大将樊哙立下军令状，命他一个月内修好五百里栈道，然后给了他一万人就让他动工了。从理论上说，这是不可能完成的事情，即使再追加三年也不一定能够完成。

但刘邦修栈道是假，想要就此迷惑麻痹陈仓守将是真。果不出刘邦所料，陈仓的雍王章邯果然中计，刘邦的精锐部队从他的眼皮底下，顺着无人知晓的小道翻山越岭偷袭了陈仓。

刘邦通过通过"明修栈道，暗渡陈仓"的计谋，顺利进驻关中，并从此地开始实施他一统天下的宏伟大计。

"明修栈道，暗渡陈仓"就此传播开来，并被广泛用于军事计谋之中，其意是指：从正面迷惑敌人，用来掩盖自己的攻击路线，而从侧翼进行突然袭击。这是声东击西、出奇制胜的谋略。引申开来，是指用明显的行动迷惑对方，使人不备的策略，也比喻暗中进行活动。

《孙子兵法》告诉我们兵不厌诈，能够在战争中成功运用谋略一举获胜是值得称赞的事。而在生活中，我们也要开动脑筋，运用智慧去化解人生遇到的难题。

▬ 原文

故用兵之法：十则围之①，五则攻之②，倍则分之③，敌则能战之④，少则能逃之⑤，不若则能避之⑥。故小敌之坚，大敌之擒也⑦。

注释

①十则围之：兵力十倍于敌就包围敌人。

②五则攻之：兵力五倍于敌就主动发起进攻。

③倍则分之：倍，加倍。分，分散。二倍于敌的兵力，就设法分散敌人，造成局部上的更大优势。

④敌则能战之：敌，指兵力相等，势均力敌。能，乃、则，此处与"则"合用，以加重语气。此句言如果敌我力量相当，则当敢于抗击、

对峙。

⑤少则能逃之：少，兵力少。逃，退却、躲避。

⑥不若则能避之：不若，不如。指实际力量不如敌人。

⑦小敌之坚，大敌之擒也：小敌，弱小的军队。坚，坚定、强硬，此处指固守硬拼。大敌，强大的敌军。擒，捉拿，此处指俘虏。此句通常的解释是弱小的一方不能够勉强强大的敌方。但亦有人认为，此句可释为：小的对手如果能集中兵力，即使大的对手也可擒获。

译文

所以，在实际作战中运用的原则是：我十倍于敌，就实施围歼，五倍于敌就实施进攻，两倍于敌就要分割消灭敌人，势均力敌则可以抗击，比敌人兵力少时就摆脱敌人，兵力弱于敌人就避免与敌争锋。所以，弱小的一方若死拼固守，那就会成为强大敌人的俘虏。

兵法智慧

当伐谋、伐兵二者都没有取得战争胜利，必须通过打仗来解决问题时，孙子提出了一个很重要的观点：战势是随时会发生变化的，一定要讲究灵活的战略，随机应变。也就是说，再高深的计谋也要从现实出发，即根据敌势安排作战方式。

在此处，孙子分析了敌势相对于我方存在的几种情况，和应当采取的应对策略。如果我方的实力是对方的十倍，就应该实施围歼；如果实力是敌方的五倍，就采取直面进攻的方式；如果是敌人的两倍就努力去战胜敌军；如果势力基本与敌军持平，就尽量想尽办法分散敌军，再实施击破的方式；如果是实力小于敌军，就尽量不正面作战，如果弱小的一方盲目地死磕或死守，将会落得被敌军俘虏的下场。

以上几句分析看似简单，实则融入了孙子的思想结晶——那就是不盲目进攻，不凭空想象着为敌方设下所谓的圈套，而要根据敌方的情况，量力而行。

这是战场上制胜获胜的法宝，也是生活中灵活处世的哲学，告诉我们要学会根据实际情况的变化而调整做事的方法，否则不仅会走进死胡同，还会给人留下笑柄。关于这一点，法家代表、善于讲故事的韩非曾讲过这样一个故事：

在春秋战国时期的郑国，有一个人想买一双鞋子。到了集市那天，他拿尺子量了一下脚的尺码，用东西做了个标记。可是他那天起晚了，匆忙去集市的时候他忘记了带上脚的尺码。他兴致勃勃地挑了很久，终于挑到一双颜色和款式都比较满意的，可是当他决定买下来的时候，一摸兜才发现尺码没带。他放下鞋就往家走，等到他大汗淋漓拿来尺码的时候，集市早就散了。于是就有人说："你为什么不用脚试试呢？"那个郑人说："我宁可相信量好的尺码也不相信自己的脚。"

无独有偶，战国的吕不韦也为我们讲了一个不懂变通，惹人耻笑的故事。

有个楚国人要渡江到对岸去办事，等到船行驶到一半的时候，他随身的佩剑掉到了水里。于是，他在宝剑掉下去的船身上，刻下了一个记号。等到船靠了岸，他沿着记号淌水去找剑。结果可想而知。《吕氏春秋》评价说：船已经行驶了很远，但是剑是不会跟随着移动的。这样去找剑不是很糊涂吗？

事物在发展变化，不能静止地看待问题。无论是战争决策还是个人处世都要根据时局的变化而调整自己的思路，这样才有可能走出困局。

▬ 原文

夫将者，国之辅也①，辅周则国必强②，辅隙则国必弱③。故君之所以患于军者三④：不知军之不可以进，而谓之进⑤；不知军之不可以退，而谓之退，是谓縻军⑥。不知三军之事，而同三军之政者⑦，则军士惑矣⑧。不知三军之权，而同三军之任⑨，则军士疑矣。三军既惑且疑，则诸侯之难至矣，是谓乱军引胜⑩。

注释

①国之辅也：国，指国君。辅，原意为辅木，这里引申为辅助、佐辅。

②辅周则国必强：周，周密。言辅助周密、相依无间国家就强盛。

③辅隙则国必弱：隙，缝隙，此处指有缺陷、不周全。辅助有缺陷则国家必弱。

④君之所以患于军者三：患，危害、贻害。三，指三类情况、三

种做法。

⑤谓之进：谓，告诉。此处是命令的意思。

⑥是谓縻军：縻，束缚、羁縻。这叫作束缚军队。

⑦不知三军之事，而同三军之政者：三军，泛指军队。周朝时一些大的诸侯国设三军，有的为上、中、下三军，有的为左、中、右三军。同，共，此处是参与、干预、干涉的意思。政，政务，这里专指军队的行政事务。

⑧军士惑矣：军士，指军队的吏卒。惑，迷惑、困惑。

⑨不知三军之权，而同三军之任：权，权变、机动。任，指挥、统率。此句意为不知军队行动的权变灵活性质，而直接干预军队的指挥。

⑩是谓乱军引胜：乱军，扰乱军队。引，去、却、失的意思。引胜，即却胜。一说"引"为引导、导致之意，引胜即导致敌人胜利。此说虽可通，但孙子此处实就己方军情发议，故应以前说为善。

译文

将帅是国君的辅助。辅助得谋缜密周详，则国家必然强大，辅助得谋疏漏失当，则国家必然衰弱。所以，国君对军队的危害有三种：不知道军队不可以前进而下令前进，不知道军队不可以后退而下令后退，这叫作束缚军队。不知道军队的战守之事、内部事务而统领三军之政，将士们会无所适从。不知道军队战略战术的权宜变化，却干预军队的指挥，将士就会疑虑。军队既无所适从，又疑虑重重，诸侯就会趁机兴兵作难。这就是自乱其军，坐失良机。

■ 兵法智慧

兵者伐谋，这里所说的谋略很大程度上是将领智慧的较量。将领作为战争的领导者，是军队的主心骨，是战术谋略的策划者和执行者，因此他关系着战争的走向，甚至关系到国家的生死存亡。

而作为一个国家的统治者，国君必须认清将领对国家的重要性。一个国君能够识别并重用有才干的将军，在将军实行军事行动时不乱加干预。有这样的国君才是百姓之福，国家之福。我们常说"用人不疑，疑人不用"，如果既想重用人才，又在此人取得了一定成就之后，疑东疑西，唯恐功高盖主，最终只会导致自己的灭亡。

岳飞是河北相州人，自幼习武，少年时便能拉起三百斤张力的大弓，使用八百斤的腰弩，又喜读《左传》《孙子兵法》，可谓文武双全。岳母姚氏教子有方，常常对岳飞晓以大义，希望他能够为国敬忠。

岳飞于宣和四年从军，虽因为屡次违抗上级命令与金兵作战而受到贬黜，却战功卓著，他曾单骑退敌，单枪匹马于金兵阵前取敌将首级。绍兴四年，岳飞成为独当一面的大将。第一次北伐结束后，三十二岁的岳飞便成为清远军节度使。升为将帅后，岳家军的威名更传于四方。岳飞治军严明，受到士兵和人民的爱戴，就连他的敌人金兵也对他敬畏有加。

绍兴十年，第四次北伐开始，完颜阿骨打的四子完颜宗弼（兀术）撕毁和约，分四路南下，朝廷震动。岳飞奉命迎敌，英勇奋战，打得金兵节节败退。当年七月，兀术领完颜突合速、盖天大王完颜宗贤、昭武大将军韩常等将与岳家军对阵郾城。金军在此次战斗中投入了大量兵力，兀术以一万五千拐子马突击宋军。岳飞令其子岳云出战，岳云领兵杀入敌军阵营，上打人头下打马腿。杀得敌军这支精锐部队大败而归。兀术看罢，乃仰天长叹："自海上起兵，皆以此胜，今已矣！"

后在颍昌，岳飞命岳云带八百骑兵击败金军十万大军，出城的岳家军杀得"人为血人，马为血马"，杀死兀术女婿，金军副统军。在朱仙镇，岳飞命一猛将带五百背嵬骑兵冲击敌阵，大破金军，兀术逃回汴京。宋军捷报频传，震动京城，岳飞兴奋地对部下说："今次杀金人，直捣黄龙府，当与诸君痛饮！"金兵只得偃旗息鼓，颇为沮丧地哀号："撼山易，撼岳家军难！"

就当岳家军大败金兵，军心大振，准备直捣黄龙之时，朝廷却向岳飞连下十二道"回师令"，让他即刻班师回朝。此时的金军主力被压在开封的北部与东部不敢抬头。

岳飞不无遗憾地说："此正是陛下中兴之机，乃金贼必亡之日，若不乘势殄灭，恐贻后患！"但是朝廷并没有收回谕旨，反而连连催逼。回朝后高宗赵构以论功行赏为名相继解除了岳飞、韩世忠、张俊等将领的兵权，为《绍兴和议》的签订打下基础。为了保证和议的顺利签订，绍兴十一年十月，秦桧指使手下以"莫须有"的罪名诬告岳飞，称岳飞拥兵自重企图谋反。随即岳飞及其部下还有儿子岳云被捕入狱。

绍兴十一年的除夕夜（1142年1月27日），岳飞遇害于风波亭，岳云也被斩首弃市，年二十三岁。岳飞家产被抄，全家被流放至岭南，部属也有六人被治罪。

杀了忠臣良将岳飞，将士、人民一片哗然。南宋又一次割让求和，偏安一隅。即便如此，好景仍不长，敌人的野心不是南宋的退让能满足的。南宋在君王因猜忌而干预战事的情况下，不仅始终臣服于金，最后还被蒙古灭亡了。

知人善任这一理论在现代企业管理中同样适用，而且同样十分重要。作为一个企业的领导者，能够给予充分的空间让下属去发展是十分不易的，但是一些有远见的企业领导总是能以高瞻远瞩的视角去培养人才，放手让有才能的下属尽情施展自己的才华。重视人才并且给予充分的信任和空间，才能促进企业的进步和长足发展。

▅ 原文

故知胜有五：知可以战与不可以战者胜；识众寡之用者胜①；上下同欲者胜②；以虞待不虞者胜③；将能而君不御者胜④。此五者，知胜之道也⑤。

注释

①识众寡之用者胜：众寡，指兵力多少。能善于根据双方兵力对比情况而采取正确战法，就可以取胜。

②上下同欲者胜：同欲，意愿一致，指齐心协力。上下同心协力的能够获胜。

③以虞待不虞者胜：虞，有准备、有戒备。自己有准备对付没有准备的敌人则能得胜。

④将能而君不御者胜：能，贤能、有才能。御，原意为驾驭，这里指牵制、制约。将帅有才能而国君不加掣肘的能够获胜。

⑤知胜之道也：道，规律、方法。认识、把握胜利的规律。

译文

所以，预见胜利有五个方面：能准确判断仗能打或不能打的，胜；知道根据敌我双方兵力的多少采取对策者，胜；全国上下、全军上下意愿一致、同心协力的，胜；以有充分准备来对付毫无准备的，胜；主将精通军事、精于权变，君主又不加干预的，胜。以上就是预见胜利的方法。

■ 兵法智慧

在这里，孙子讲到了怎样准确判断是否能打胜仗的几个标准。

第一，准确分析，精准判断。

被挖去双膝的孙膑知道齐国使者出使大梁，就秘密地以囚徒身份求见他，和他谈一些国家大事，齐国的使者在言谈之间发现孙膑言语不俗，就用车把孙膑偷偷运回了齐国。孙膑到了齐国之后，得到大将军田忌的赏识，把他奉为上宾。

田忌和齐国的公子们赛马，常常设重金。孙膑经历过几次后就发现，其实他们的马匹脚力都差不多，大体可分为上中下三等。于是孙膑就对田忌说："将军你只管多多地下赌注，我担保你能赢。"于是田忌就以千金的价钱赌注这场马赛。孙膑对田忌说："将军你用你的下等马对他们的上等马，用你的中等马对他们的下等马，用你的上等马对他们的中等马。"田忌于是照着他的话做，果然赢了这场比赛，得了千金。

田忌更加相信孙膑的才能，把他推荐给了齐威王，之后齐威王常常向他请教一些兵法。

由此可见，在生活中我们一定要认识到自己的长处和不足，然后用长处去弥补不足的地方，智慧地去生活。

第二，知道根据敌方兵力的多少去采取对策。

1933 年，蒋介石为了彻底消灭中国共产党，集中五十万兵力重点进攻中央苏区。当时中央的革命领导人博古听取了军事顾问李德的建议，正面迎战国民党，决定与他们决一死战。但当时中国共产党的正规军仅十万，游击队也不过数万。在决战中，中国共产党的兵力损失惨重。第五次反围剿失败，被迫长征。1935 年 1 月中旬，中国共产党在遵义召开会议，会议标志着中国革命的转折点，纠正了王明等人的"左"倾机会主义和博古、李德等人的右倾主义错误，确立了以毛泽东同志为领导的新的领导集体。随后红军避敌锋芒，以保存实力，并胜利到达陕北，拉开了抗击日寇侵略的民族战争大幕。

新中国成立以来的炎黄子孙，一代一代被长征精神感动着。我们在其坚持不懈、英勇顽强的革命精神鼓舞下，学习长征表现出来的切实可行、行之有效地克服困难的精神。

第三，万众一心，其利断金。团队的力量可以创造奇迹。

古代一个老人有三个儿子，小的时候他们互帮互助倒也团结，长大以后他们各自成家立业，为了些微的家产，打得头破血流，相互指责对方的不是。

老人看在眼里急在心里。心想毕竟是一家人，兄弟不和会被外人欺侮。有一天老人生了重病，临终前他叫来三个儿子，让大儿子拿一根筷子折断，老大很容易就做到了。老人又让大儿子拿来一捆筷子让他折断。结果，大儿子怎么也做不到，于是老人又让二儿子和小儿子来做这件事，他们都没能折断这一捆筷子。老人看到这，语重心长地说："看到了吧，你们兄弟不和，每个人就如同这一根筷子，很容易被摧折的。如果你们兄弟能齐心协力，谁又能动得了你们呢。"三个儿子听后恍然大悟，从此听从老人的话，和睦相处了。

一个人的力量就好比一根筷子，别说能够轻易折断，就是最基本的夹饭菜都做不到，既然如此，为什么不团结你周围的人呢？为什么不想办法让自己的团队团结如钢呢？

第四，主将精通军事，君主不加干预。

建隆二年（公元961年）七月，宋太祖赵匡胤宴请禁军宿将，有兵权也有功劳的将领们差不多都出席了。在宴席中，酒过三巡后赵匡胤说："如今我做了皇帝，全靠了你们啊！虽说如今天下已定，但是我还是每天晚上睡不着觉啊。"石守信等忙问其故。赵匡胤说："虽然你们没有想当皇上的想法，但是如果有一天，你们的部下贪图富贵，强将黄袍加在你们的身上，到时你们不想当皇帝都不行了啊。"将士们一听心里都明白了他的意思，于是问他说，应该怎么办呢？赵匡胤委婉地提出让他们交出兵权。第二天上朝，石守信等人都纷纷上表辞官交出兵权，赵匡胤随即准奏。

"杯酒释兵权"在历史上很有名，许多开国皇帝都用过此招数。赵匡胤这么做有他的原因，他本是后周大将，是被部下们黄袍加身当上的皇帝。如今他坐上皇位怕历史重演，自然寝食难安。削弱将领们及藩镇节度使们的兵权，便加强了中央集权，防止兵变。但他这么做的弊端也是不容忽视的。这种将不带兵、兵不知将的军队大大削弱了战斗力，为大宋的边疆问题埋下了隐患，使宋朝在辽、夏、金的战斗中屡屡处于被动的地位。

作为一个企业的领头人或者一个家长，不能过多地对部下或子女指手画脚。过多强调自己的意志，一味地想达到你要的目的，反而抑制了他们的创造性。

■ 原文

故曰：知彼知己者，百战不殆①；不知彼而知己，一胜一负②；不知彼，不知己，每战必殆。

注释

①知彼知己者，百战不殆：殆（dài），危险。了解敌方也了解自己，每一次战斗都不会有危险。

②一胜一负：指无必胜的把握。

译文

所以说：了解敌方也了解自己，每一次战斗都不会有危险；不了解对方但了解自己，胜负的概率各半；既不了解对方又不了解自己，每战必败。

■ 兵法智慧

"知己知彼，百战不殆"是《孙子兵法》最光辉的军事思想，因此这一理论始终贯穿于《孙子兵法》之中。何谓"知己"，知胜有五，对自身条件的严格审查和分析，这样才能做好客观的分析，才能知道我方的军事优势何在，以此进行谋略和战术安排。何谓"知彼"，知彼即对敌方的力量能进行深入地了解，分析敌人的优势和劣势，以做到避强击弱，因敌谋略，采取不同的应战方案。所谓"知己知彼"即为了"运筹于帷幄之中"以"决胜于千里外"。

吕不韦，秦国丞相，战国末年著名的思想家、政治家。他曾辅佐秦庄襄王登上王位。在学术上他也卓有成就，组织门客编著了著名的《吕氏春秋》，是杂家的代表人物。吕不韦就是一位能审时度势的聪明人，他的上位史就是一部知己知彼的传奇。

吕不韦的故乡是卫国濮阳，他往来各地，通过低价买进高价卖出，积累了大量资金，是名震一时的大商人。

公元前258年，吕不韦到赵国的邯郸经商，结识了在此做人质的秦国王孙子楚，认为"奇货可居"，于是在生活上经常资助他，并游说华阳夫人，用重金替子楚打通关节。因华阳夫人无子嗣，所以他先是买通华阳夫人的弟弟和姐姐，替子楚说好话立他为太子。不久子楚的父亲秦孝文王去世，子楚得立。吕不韦功不可没，受封为文信侯，并任秦国相国。吕不韦至此华丽变身，政治投机成功。吕不韦还把自己的一个歌姬送给了子楚做夫人，生下了身份扑朔迷离的秦王嬴政。

秦王嬴政即位后，仍任吕不韦为相国，称"仲父"，食邑有蓝田（今陕西蓝天县西）十二县，河南洛阳十万户，门下宾客三千，家僮万人。

吕不韦结识了子楚，并了解子楚的身份，和秦国的形势。利用自己商人的资金优势，上下疏通，为自己开辟了一条政治大道。如果吕不韦没有雄厚的财力，就不能支持打通关节的开销，显然吕不韦是清楚这一点的，同时他也通过了解秦国的形势，利用旁敲侧击的方式，通过华阳夫人这个重要人物实现了自己的意图。

如果你只了解自己，不了解对方，那么你成功的概率只有百分之五十。如果你既不了解自己也不了解对方，那么你做的事情注定要失败。了解自己的时候同样要正确判断，如果对自己的能力评价太低，就会不自信，做事缩手缩脚影响做事的效率；如果对自己的能力评价太高就会自负，同样会导致失败。

其实一个人的职场生涯，也适用孙子的这条用兵之道，你足够勤奋而又能"知己知彼"，一定能"百战不殆"。能知己所长，避己所短，就一定能在工作中做出成绩，实现自己的人生价值。

第四篇

形 篇

曹操曰：军之形也。我动彼应，两敌相察情也。

题解

孙武曰:"胜兵先胜而后求战。"立于不败之地再求战才能取得战争的胜利。敌我双方力量强弱决定攻守的形式,因而重视客观物质力量的积聚,创建不可战胜的条件——政治、经济、军事处于优势地位。因而首先"修道保法",其次"先为不可胜",再次"以镒称铢",最后"守则不足,攻则有余"以"自保而全胜"。

第四篇　形　篇

▬ 原文

孙子曰：昔之善战者，先为不可胜^①，以待敌之可胜^②。不可胜在己，可胜在敌。故善战者，能为不可胜，不能使敌之可胜。故曰：胜可知，而不可为^③。

注释

①先为不可胜：先使己方不可被战胜。

②以待敌之可胜：待可战胜敌方之时机。

③胜可知，而不可为：有备则胜利可预见，但在无机可乘时则不可强求。

译文

孙子说，以前善于用兵作战的人，总是首先创造自己不可战胜的条件，并等待可以战胜敌人的机会。使自己不被战胜，其主动权掌握在自己手中；敌人能否被战胜，在于敌人是否给我们可乘之机。因此，善于作战的人只能够使自己不被战胜，而不能使敌人一定会被自己战胜。所以说，胜利可以预见，却不能强求。

■ 兵法智慧

"胜可知，而不可为"就是说胜利可以预见，却不能强求。孙子在这里从备战的角度出发，强调"先胜后战"的思想，指出善于用兵的人，总是先创造条件，使自己不被敌人战胜，然后等待和寻找有利的机会与敌作战。工夫要下在内部的自强上。内部的自强即国家的富强和兴旺发达，加强国家建设、经济发展、提升军备等，都是战前要做的准备。各方面准备之后，通过双方力量对比，若是优势明显那么就可以出兵作战了。

这一理论应用到现实生活和工作中，就是要求人们要不断地超越自己，这样才是制胜的唯一法门。严格要求自己，使自己的各方面表现趋于完善，符合职位的要求。这时候，哪怕你不去争取，最后的胜利都是属于你的。"处处不争处处争"的雍正皇帝之所以能在康熙选储期间，在众多有才能的皇子中脱颖而出，就是秉承了独善其身的哲学。

康熙儿子众多，共三十五个，其中成年受封的有二十个。但是早在康熙二十二岁的时候他就册立了皇储——皇后所生的二皇子允礽。皇后赫舍里氏出身高贵，是康熙的表妹。在生允礽时难产而死，康熙非常伤心，爱屋及乌，所以在允礽两岁的时候就册封他为太子。在立储后三十年漫长的等待中，太子急功近利，首先和自己母亲的叔父——大学士索额图结党营私，窥视皇权。康熙帝处死了索额图，并警告了太子。后来太子又与康熙的一个妃子私通。最后康熙两废允礽的皇储之位，引起有野心的皇子们争夺皇位。

其中以八阿哥为首的皇八子集团和太子党的斗争最为明显。八阿哥允禩聪明能干，在第一次废黜太子时，他总管内务府，被誉为"有才有德"，深得众心。他与皇长子允禔勾结，结交党羽，谋为代立，被一些大臣认为是继承皇位希望最大的人选。圣明的康熙其实早有察觉，有一次他故意让大臣们推举皇储的人选，大学士马奇等密举允禩。后来康熙革允禩爵位，查处皇八子集团。

此时的皇四子胤禛虽然从不放松对皇储位置的关注，但是却一直不动声色，从不刻意显示自己的聪明，只是偶尔小露才华。他从不结交党羽，放任自己的一奶同胞皇十四子依附皇八子集团。

另外，胤禛十分孝顺，对康熙注重诚孝，在康熙生病时他侍候左右，送水端药。允礽被废黜时，胤禛还替他求情，因此康熙认为皇四子是仁厚之人。

胤禛在没有参与两党派之争的同时还友爱兄弟，广结善缘。在皇帝交予的政务上，他勤勉不懈，广收民心。

就这样，无论是出身还是当时的形势都无一优势的皇四子胤禛在众兄弟争夺皇位之时，置身事外，却在做人做事上下工夫，让自己在心胸德才上胜于他人。四十五岁的时候，胤禛终于登上皇位。

我们都应该学习这样的做事态度。古语有云："但行好事，莫问前程。"把生活的主动权握在自己手中，不必去在乎对手的强弱和事情的难易。我们既不能因为对手的强大而放弃，也不能因为对手的弱小而轻敌。不因对手的变化而改变自己的生活状态，坚持不懈地去学习知识，积累经验，开阔眼界，拓宽胸怀。那么无论世事怎样风云变幻，你自可以岿然不动，笑看风云。

■ 原文

　　不可胜者，守也①；可胜者，攻也②。守则不足，攻则有余③。善守者，藏于九地之下④；善攻者，动于九天之上⑤，故能自保而全胜也。

注释

　　①不可胜者，守也：无把握胜敌，则守。
　　②可胜者，攻也：有把握胜敌，则攻。
　　③守则不足，攻则有余：防守是取胜的条件还不充分，进攻是战胜敌人的条件已具备。
　　④藏于九地之下：九指最大之数，意为深秘隐藏。
　　⑤动于九天之上：指攻势雷霆万钧，敌人无法抵挡。

译文

　　敌人无可乘之机，不能被战胜，则防守以待之；敌人有可乘之机，能够被战胜，则出奇攻而取之。防守是因为我方兵力不足，进攻是因为兵力超过对方。善于防守的，隐藏自己的兵力如同在深不可测的地下；善于进攻的部队就像从天而降，敌不及防。这样才能保全自己而获得全胜。

■ 兵法智慧

"善守者，藏于九地之下；善攻者，动于九天之上。"说的是如果我方兵力不足，而敌人又无可乘之机，那么我们就需要防守，保存兵力。在防守的时候，隐蔽功夫要做足，要使自己一方的情况像隐藏在深不可测的地下。

如果敌军有可乘之机，进攻定能取胜。那么我方就要尽快进攻，给敌人一个措手不及，进攻部队就像从天而降一样，使敌人完全没有防御的能力，这样我们就能取得彻底的胜利。

在这一章中，我们可以从孙子的军事智慧中，领悟到我们应该怎样面对生活中的困境和机遇。

每个人都会面临生活的低谷或事业的瓶颈期，在这一时期我们要坚定志向，沉得下心情，守得住寂寞。一旦机遇来临，动作就要快，不能再三心二意，犹豫不决。

用直钩钓鱼的姜太公就是能够在人生低谷中耐得住寂寞的人。姜尚，字子牙。武王尊称为师尚父，后世之人都尊称为姜太公。他是韬略的鼻祖，儒、道、法、兵、纵横等诸家都追其为本家，被称为百家宗师。

然而，就是如此传奇式的人物在早期却在相当长的时期内不得志，如今的戏文中还流传着姜尚经商的故事。姜尚卖过粮食，但因为他一心钻研兵法和天下局势，总是因报错价钱而亏本，最后还因摆摊的位置不当，被官兵收走。之后他还开过酒馆，宰过牛羊。但都因为经营不当和分心研究国家大事而血本无归，最后生活没有着落，妻子也离他而去。

即使这样姜尚也没有妄自菲薄，他动心忍性，潜心修炼，相信自己一定能有所作为。直到他六十岁满头白发时，在商朝仍是怀才不遇。后来他听说西伯侯姬昌正在招贤纳士，于是便千里迢迢来到了西岐。到了西岐之后，姜尚并没有急着自荐，而是每日垂钓于渭水之滨。他钓鱼与别人不同，他不设诱饵而且他的鱼钩是直的。他一边钓，一边自言自语道："姜子牙钓鱼，愿者上钩。"一个叫武吉的樵夫看到后对他说："钓鱼哪有用直钩的，像你这样即使钓一百年也钓不上一条鱼来啊。"姜尚笑着答道："你懂什么！我钓的不是鱼，而是王侯。"

后来周文王姬昌听说了此人，亲自到渭水之滨去拜访他。姜尚最终得到了周文王的重用，封侯拜相，他辅佐武王伐纣，成就了一番伟业。

姜尚直钩钓到周文王的时候，已经是六七十岁的老人了，他的前半生漂泊不定，生活窘迫。在这漫长的人生低谷期，他不停地钻研天文地理，观察天下局势，终究成就了一番事业。这和在局势不尽如人意的时候，能够安贫守道、动心忍性是分不开的。

在生活中我们也要善于发现机遇、抓住机遇，机遇有时能改变人一生的命运。那么，具体来说，在现实生活中人们怎样才能抓住机遇获得成功呢？

第一，要加强自己的专业素养，"机遇永远留给有准备的人"，这句话永不过时，在自己的专业领域里，一定要提高自身的素质。

第二，用心研究，细心观察。无论是生活还是工作，都不要疲于应付，敷衍了事。鲁迅先生说过："无论你爱什么，只有纠缠如毒蛇，执着如怨鬼，二六时中，没有已时者有望。"其实说的就是用心。机遇往往就蕴藏在细节当中。

第三，不以物喜，不以己悲。生活、工作中总避免不了遇到麻烦，碰到挫折。不要一味沉溺在懊悔、沮丧之中，机遇往往与挑战并存，战胜困难的时候也可能是你与机遇不期而遇的时候。

原文

见胜不过众人之所知①，非善之善者也；战胜而天下曰善，非善之善者也。故举秋毫②不为多力，见日月不为明目，闻雷霆不为聪耳。古之所谓善战者，胜于易胜者也③。故善战者之胜也，无智名，无勇功。故其战胜不忒④，不忒者，其所措必胜，胜已败者也⑤。故善战者，立于不败之地，而不失敌之败也⑥。是故胜兵先胜而后求战，败兵先战而后求胜。善用兵者，修道而保法，故能为胜败之政⑦。

注释

①见胜不过众人之所知：预见胜利但未超过常人之可知。

②秋毫：指鸟兽秋季更生之毫毛，形容极轻，举之并不费力。

③胜于易胜者也：战胜很容易战胜的对手。

④不忒：忒，差错、失误。不出差错。

⑤胜已败者也：战胜败局已定的敌人。

⑥不失敌之败也：不放过使敌人失败的机会。

⑦修道而保法，故能为胜败之政：修明德政，坚守法制，即可掌握胜败之主动权。

译文

预见胜利不能超过平常人的见识，算不上最高明；交战而后取胜，即使天下都称赞，也不算上最高明。正如举起秋毫称不上力大，能看见日月算不上视力好，听得见雷鸣算不上耳聪。古代所谓善于用兵的人，只是战胜了那些容易战胜的敌人。所以，真正善于用兵的人，没有智慧过人的名声，没有勇武盖世的战功，而他既能打胜仗，又不出任何闪失，原因在于其谋划、措施能够保证他所战胜的是已经注定失败的敌人。所以善于打仗的人，不但会使自己始终处于不被战胜的境地，也绝不会放过任何可以击败敌人的机会。所以，打胜仗的军队总是在具备了必胜的条件之后才交战，而打败仗的部队总是先交战，在战争中企图侥幸取胜。善于用兵的人，潜心研究制胜之道，修明政治，坚守法制，所以能主宰胜败。

兵法智慧

"故举秋毫不为多力，见日月不为明目，闻雷霆不为聪耳。"而在本章中，孙子用形象的方法告诉我们有些胜利是不值得骄傲的。作为将要上战场的将领，要做的事就是打仗，如果战胜了比自己弱得多的敌人，不值得称赞。这就像能举起鸟儿在秋天更换的羽毛，不能称得上力气大，能看得见太阳和月亮算不上眼力好，能听见雷鸣算不得耳朵灵敏。因为这也是普通人能轻易做到的事情。

真正的胜利应该是知难而上，百战百胜。

如果要做到这些，在战争之前就要为胜利创造情境。这里的"情境"是谨慎的调查分析，是详细巧妙的布置，是必胜的信念。在战争还没有打响就使敌人注定失败。

公元前684年春，刚刚继位的齐桓公不顾管仲内修政治、外修他国、伺机而动的建议，自恃国力强盛，兵强马壮，便决定大举进攻鲁国。企图一举攻陷鲁国，以向外扩张自己的势力。

鲁庄公听到这个消息后，决定发动全国上下共同抗敌，与强大的齐国一决雌雄。此时的鲁国汲取了乾时之战的教训，鲁庄公于内修明政治取信于民，于外加强军队建设，加大了防御力度。且此时的鲁庄公亦能虚心接纳贤才，而长勺之战启用了毫无名气的曹刿，也是此次著名战役以少胜多取得胜利的关键。

经历了乾时之战的齐国，上至领军人物鲍叔牙下至士兵，都认为鲁国的军队溃不成军，打败鲁国犹如探囊取物。于是在发动战争之初，就毫无顾忌地长驱直入。鲁国知道齐国来者不善，便避其锋芒，没有迎头作战，退至易守难攻的长勺，打起了防卫战。齐国根本没有把他们放在眼里，敲起战鼓大肆进攻，士兵们杀声震天锐不可当。曹刿阻止了鲁庄公迎战的想法，只让弓箭手以弓箭防御，以使齐军攻不进来。

接连两次，齐国人疲马乏，犹如一只拳头打在了棉花上，既费了力气，又被挫了锐气。当齐军发动第三次进攻时，曹刿发现齐军虽然还是来势凶猛，但相比之下已经比前两次差了很多，于是他让鲁庄公亲自擂鼓助战，鲁军的军心大振，一鼓作气杀得齐军落花流水，节节败退。

取得了决定战局的胜利，又看到齐军溃不成军，鲁庄公本想乘胜追击，但曹刿怕齐军佯装败退而使诱敌之术，于是他登上车辕观看，发现齐军的旗帜杂乱，车辙印和脚印都凌乱不堪，于是知道齐军败退不是假的，便下令追击，一举把齐军赶出了鲁国的边境。鲁军获胜后，庄公与曹刿论及战争胜负的原因，引出了曹刿有名的作战勇气论："一鼓作气，再而衰，三而竭"，意思是说：第一次击鼓奋发士气，第二次就衰竭了，等到第三次击鼓，士气就没有了。"彼竭我盈"，敌人士气丧失殆尽，而我方第一次击鼓，士气正盛，所以能战胜敌人。

这次战役的规模不是很大，但在历史上却有着重要的地位。齐军显然是《孙子兵法》此章中的"先战后胜"之兵，而鲁国虽然弱小，但因为有了胜利的准备，所以有了胜利的趋势，更重要的是在此次战役中鲁国是正义之战，有正义信念的支持，因此处于不败之地。

现实生活中，我们做事也要讲求在胜中战，不在战中胜。如果在做事之前就做好了胜利的准备，那么胜利一定会属于我们。

原文

兵法：一曰度①，二曰量②，三曰数③，四曰称④，五曰胜⑤。地生度⑥，度生量⑦，量生数⑧，数生称⑨。称生胜⑩。

故胜兵若以镒称铢⑪，败兵若以铢称镒。胜者之战民也，若决积水于千仞之溪者⑫，形也。

注释

①度：即度量、分析地理形势。

②量：计量物资的容量。

③数：计算可动员的兵力多寡。

④称：衡量敌我实力。

⑤胜：推算胜负。

⑥地生度：交兵之先度量地理形势。

⑦度生量：按地理形势而知人物力之强弱。

⑧量生数：按人物力可知可动员兵力之多寡。

⑨数生称：按兵力多寡可衡量双方实力。

⑩称生胜：以双方实力对比，可测知胜负形势。

⑪以镒称铢：镒（yì），古代重量单位，合24两或20两，言其重；铢（zhū），古代重量单位，24铢为一两，言其轻。此处指实力悬殊。

⑫若决积水于千仞之溪者：仞，古代长度单位，八尺为一仞。此

句指犹如八千尺上之水，决堵而下，势不可当。

译文

兵法：一是度，即估算土地的面积；二是量，即推算物资的容量；三是数，即统计兵源的数量；四是称，即比较双方的军事综合实力；五是胜，即得出胜负的判断。土地面积的大小决定物力、人力的容量，资源的容量决定可投入部队的数目，部队的数目决定双方兵力的强弱，从双方兵力的强弱可推出胜负的概率。

获胜的军队对于失败的一方就如同用"镒"来称"铢"，具有绝对优势，而失败的军队对于获胜的一方就如同用"铢"来称"镒"。胜利者一方打仗，就像积水从千仞高的山涧冲决而出，势不可当，这就是军事实力的表现。

兵法智慧

在这里，孙子以"修道保法"为前提，从"度、量、数、称、胜"五个方面预算胜利，并阐述五者之间的相互关系。"称胜"的目的是通过各方面的相互比较，分析出优胜点和落后点，与第一章"五事七计"相对应。再一次提出胜利的基础是建立在战前的研究和分析的基础上，通过优势比较而得出战略再去取胜的。用兵作战，讲究稳战，而不是盲目出战。胜兵之所以胜利是因为拥有绝对的战争优势。

胜利是贯穿全书的主题，当然也是本书著作的目的。但如果想取得军事行动中的胜利，"算"是必不可少的步骤。小到丈量土地，大到民心所向，都在"算"的范畴之内。正所谓运筹帷幄才能够决胜千里之外。

公元 208 年，曹操大举进攻刘备，占领了荆州的一些重要地区，并打算吞并占据江东的孙权势力。当时刘备已经被迫退守夏口，曹操率领二十万大军沿江东直逼夏口，迫于形势孙刘决定联手抗曹，两方组织了五万人迎曹于赤壁。

周瑜和诸葛亮都认为曹操的军队势力强大，正面迎战恐不能战胜，于是决定用火攻。在火攻之前还使了一连串的连环计。先是周瑜召开会议讨论作战方案，黄盖称："敌人太强大，不如直接投降。"周瑜大怒，打了黄盖五十下军棍，并把这个消息送到曹操的耳朵里，同时曹操的奸细也报告了这个情况。黄盖于是送信给曹操表示要投奔于他，曹操信以为真。后来庞统也假意来降，曹操非常高兴，就向庞统请教，士兵们都是北方人，不熟悉南方水战，怎么办？庞统说："这也容易，只要用铁链把战船连起来，再铺上木板就行了。"曹操照他的话做，船果然平稳了许多。士兵们在战船上能够站稳了，犹如在陆地上一样。但是也有谋臣担心，战船连在一起固然稳了很多，但是如果敌人用火攻，那就不好办了。曹操听后哈哈大笑说："现在是冬季，敌人又是在南方，只会刮西北风，不会刮东南风，有什么好怕的呢？"

不想诸葛亮上知天文，下知地理，他夜观天象，算出了哪天会刮东南风。于是准备妥当，到了那天，曹操迎接约好来降的黄盖。黄盖带着十几条小船乘风而来，却不是来投降的，船上都是稻草和易燃的油料。黄盖一声令下，十几支小船同时点着，顺着风势冲到了曹营。因为战船都连在一起，而士兵们又不太识水性。曹军大败，仓皇回到岸上。不想周瑜又用火烧掉了营帐。曹操狼狈突围,退回北方。

赤壁之战使孙权的江南地位稳固,而刘备也稳坐荆州。在这场战役中,诸葛亮的"算"起到了至关重要的作用。

《孙子兵法》中这两小节中的"算"不是简单的分析,而且把敌我双方的调查分析量化、具体化。"算"精准一分,胜利的可能性就增加一分。

在职场中,我们也需要这种"算"的意识。算对手,算事态,更要算自己。不是要简单地算,而是要具体地算,把算的各项指标量化,再量化。

如果你还在职场挣扎,不妨学学此章中孙子的治兵之道。去"算"一"算",把自身的各项指标量化,理性地去分析,找到正确的那条路,扭转现状应该不是困难的事。

第五篇

势 篇

曹操曰：用兵任势也。

题解 __

　　孙武主张进攻要具有爆发性和突然性，要能像奔流的洪水，拉满的弓，离弦的箭一样势不可当。战争指挥者决定了战争的形势，需发挥主观能动性，善于造势、用势。孙武认为："奇正相生，不可胜穷。"用兵作战要坚持辩证的思想，强调两面性。战争指挥者要明白"兵法之常，运用之妙，存乎一心"的道理，以能"以形动敌"而后以奇制胜。

　　孙武还认为，战争同其他任何事物一样，不是静止的，而是不断发展变化的。战场上有利和不利的态势，在一定条件下可以转化。主张应善于根据实际情况灵活应变，创造利己而不利敌的战争态势，以夺取胜利。

第五篇　势　篇

▅▅原文

孙子曰：凡治众如治寡，分数①是也；斗众如斗寡，形名②是也；三军之众，可使必受敌而无败者，奇正③是也；兵之所加，如以碬投卵者，虚实④是也。

注释

①分数：分、数指军队之组织、编制。编制严密，人多少均同样指挥。

②形名：指旌旗和金鼓。士卒望旌旗、听金鼓而行动，人多少均不乱。

③奇正：常规与奇兵并用。

④虚实：有备为实，无备为虚。以实击虚，如石击卵。

译文

治理大军团就像治理小部队一样有效，是依靠合理的组织、结构、编制；指挥大军团作战就像指挥小部队作战一样到位，是依靠明确、高效的信号指挥系统；整个部队与敌对抗而不会失败，是依靠正确运用"奇正"的变化；攻击敌军，如同用石头砸鸡蛋一样容易，关键在于以实击虚。

■ 兵法智慧

这一段，孙子主要阐述了作战过程中"奇正"的应用，所谓奇正，直接一点说就是：常规用兵与奇兵并用。

关于"奇正"思想，老子在《道德经》也有过叙述。老子说："以正治国，以奇用兵"。所谓"正"是指社会所公认的正道，包括一整套行之有效的方针、路线、思想、政策、原则、措施。当然各家之正，分野极大。而"奇"则是巧妙、诡秘、随机应变，没有固定的程式。老子用两个不同的字归纳、总结了治国与用兵这两个不同领域的特点，应该说是十分精辟的。

孙子认为在战略战术中奇正的运用是非常重要的，"三军之众，可使必受敌而无败者，奇正是也"。军队在战争中始终处于不败的地位，是真正能明白"奇正"的奥妙，并且熟练运用的结果。

有关"奇正"，后人有过总结性的揭示，不外乎以下几个方面的内容：正面迎敌为正，机动配合为奇；明为正，暗为奇；静为正，动为奇；进为正，退为奇；先出为正，后出为奇……总之，一般的、常规的、普通的战略、战术为正，特殊的、变化的、罕见的战略、战术为奇。

在英雄辈出的三国时代，韬略家们都深谙此道，几乎所有取胜的战争，都有灵活运用奇正的影子。曹操对抗黄巾军就是一个鲜活的例子。

当年二十九岁的曹操只有五千名骑兵，他奉皇命镇压有十万兵力的黄巾军。等到曹操出兵镇压，其他各地的黄巾军已经在朝廷的围剿下，散得差不多了，唯有青州军不但没有减弱兵力，而且在壮大。

曹操知道凭自己的兵力正面作战是很难取胜的。于是他采取轻骑部队侧面夹击的办法，给了青州军以沉重的打击。青州军一面打，一面写信和曹操谈判。信中说，曹操在早年的时候曾经捣毁汉朝的祠堂，他的目的和黄巾军一样，不如加入黄巾军，共同反抗东汉政权。曹操是不会和黄巾军联合的，于是他一面下令继续痛击绝不手软，一面将计就计诱降青州军，并承诺给予青州军将士们优厚的待遇。就这样且打且谈，一步步收复了十万青州军，曹操也兑现了承诺给予青州军的特殊待遇。后来曹操的队伍发展壮大，青州军被编为中军，负责曹操的宿卫，在曹操后来的重大战役中起到了不可估量的作用。

这支原本声势浩大的农民起义军被曹操以奇正策略收归旗下，为曹魏政权的霸权之争立下了汗马功劳。

在现实生活中，"正"可以视为遵循常规办事，不越礼不出格，"奇"可以看作突破常规，发挥创造性。这两方面需要相互调和，不能走极端。如果太正，终生按规矩办事，永远不能脱颖而出。反之如果一点规矩不讲，随心所欲地去创造，则可能会走许多弯路，毕竟前人留下的一些常规有时是经验之谈。

▅▅ 原文

凡战者，以正合①，以奇胜。故善出奇者，无穷如天地②，不竭如
江河。终而复始，日月是也；死而更生，四时是也③。声不过五④，五
声之变，不可胜听也⑤。色不过五⑥，五色之变，不可胜观也。味不过
五⑦，五味之变，不可胜尝也。战势不过奇正，奇正之变，不可胜穷也。
奇正相生⑧，如循环之无端，孰能穷之？

注释

①以正合：以正面作战。

②无穷如天地：指以奇取胜，可变化无穷。

③四时是也：指四时更替。

④声不过五：五声为宫、商、角、徵、羽。

⑤不可胜听也：听之不尽。

⑥色不过五：五色为青、黄、赤、白、黑。

⑦味不过五：五味为酸、咸、辛、苦、甘。

⑧奇正相生：奇正会相互转化。

译文

大凡作战，都是以大兵团作正面交战，而用奇兵去出奇制胜。善
于运用奇兵的人，其战法的变化就像天地运行一样无穷无尽，像江海

一样永不枯竭。像日月运行一样，终而复始；与四季更迭一样，去而复来。宫、商、角、徵、羽不过五音，然而五音的组合变化，永远也听不完；赤、黄、青、白、黑不过五色，但五种色调的组合变化，永远看不完；酸、甘、苦、辣、咸不过五味，而五种味道的组合变化，永远也尝不完。战争中军事实力的运用不过"奇""正"两种，而"奇""正"的组合变化，永远无穷无尽。奇正相生，相互转化，就好比圆环旋绕，无始无终，谁能穷尽呢！

■ 兵法智慧

在上段中，孙子论述了奇正的存在以及奇正对于胜利的重要性，在这段中，孙子论述的是奇正的关系。"奇""正"虽然只有两种形态，但是可以无穷地组合，生出无穷的形态，历代大小战役的用兵之道皆在其中。

"正"是名义上的、规规矩矩的，"奇"是打破常规的、不同于一般意义的。"奇""正"之间不是一成不变的，它们是相互转换的关系，"奇"可以化为"正"，"正"可以化为"奇"。两者可重叠，可分散，可以相互包含，也可以互不相干。两者最终的状态是一个环，彼此生生不息，无始无终，不能穷尽。

"奇""正"的关系不仅是世代兵家参不尽的禅，也是具有道家思想的哲学思辨，含义深厚。

美国著名作家欧·亨利的小说里就讲述了这样一个关于奇迹的故事，故事的名字叫《最后一片叶子》。

苏和琼西是两个热爱艺术的女孩，她们在华盛顿广场西边的一个小区里合租了一个顶楼做画室。十一月的时候，琼西感染了肺炎。她躺在一张油漆过的铁床上，一动也不动，凝望着小小的荷兰式玻璃窗外对面砖房的空墙。

一天早晨，医生把苏叫到外边的走廊上，告诉她琼西治愈的希望很渺茫，因为她自己没有抱有生的希望。医生希望苏能帮助琼西找到可以支持她活下去的希望。

医生走后，苏走进工作室，看到琼西侧身躺着，脸朝着窗口，被子底下的身体纹丝不动。

她架好画板，开始给杂志里的故事画插图。忽然听到一个重复了几次的低微的声音，她快步走到床边。

琼西的眼睛睁得很大，她望着窗外，数着数。

"十二，"她数道，歇了一会儿说，"十一，"然后是"十"和"九"，接着几乎同时数着"八"和"七"。

苏看了看窗外，那儿有什么可数的呢？只见一棵老极了的常青藤，枯萎的根纠结在一块，枝干攀在砖墙的半腰上。秋天的寒风把藤上的叶子差不多全都吹掉了，只有几乎光秃的枝条还缠附在剥落的砖块上。

"你在干什么呀，亲爱的？"苏问道。

"六，"琼西几乎用耳语低声说道，"它们现在越落越快了，三天前还有差不多一百片，我数得头都疼了。但是现在好数了，又掉了一片，只剩下五片了。"

"五片什么呀，亲爱的？告诉我吧。"

"叶子。常青藤上的。等到最后一片叶子掉下来，我也就该去了。

这件事我三天前就知道了，难道医生没有告诉你吗？我想在天黑以前等着看那最后一片叶子掉下去。然后我也要去了。"

苏想尽办法，不让重病的琼西再望向窗外常青藤的叶子。

"你睡一会儿吧，"苏说道，"我得下楼把贝尔门叫上来，我一会儿就回来了，不要动，等我回来。"

贝尔门是个失败的画家，他年过六十，有一把像米开朗琪罗的摩西雕像那样的大胡子，几年来，他除了偶尔画点商业广告之类的玩意儿以外，什么也没有画过。

苏在楼下那间光线暗淡的画室里找到了酒气扑鼻的贝尔门，并把琼西的胡思乱想告诉了他，还说她害怕琼西瘦小柔弱得像一片叶子一样，恐怕真的要离世飘走了。

第二天早晨，苏只睡了一个小时的觉，醒来后她看见琼西无神的眼睛睁得大大的注视着拉下的绿窗帘。

"把窗帘拉起来，我要看看。"她低声命令道。

苏疲倦地照办了。

经过一夜的风吹雨打，在砖墙上还挂着一片藤叶。它是常青藤上最后的一片叶子。靠近茎部处仍然是深绿色，可是锯齿形的叶子边缘已经枯萎发黄，它傲然挂在一根离地二十多英尺的藤枝上。

"这是最后一片叶子，"琼西说道，"我以为它昨晚一定会落掉的。我听见风声今天它一定会落掉，我也会死的。"

白天总算过去了，甚至在暮色中她们还能看见那片孤零零的藤叶仍紧紧地依附在靠墙的枝上。后来，夜的到来带来了呼啸的北风，雨点不停地拍打着窗子，雨水从低垂的荷兰式屋檐上流泻下来。

天刚蒙蒙亮，琼西就要求苏拉起窗帘来。

那片藤叶仍然在那里。

琼西躺着对它看了许久，说："苏，我希望有一天能去画那不勒斯的海湾。"

医生来了，他说琼西已经脱离了危险，但是有一个叫贝尔门的老画家得了肺炎，病倒了，而且因为年龄的原因没有治好的希望了。

门房发现贝尔门时，他在楼下自己那间房里痛得动弹不了，他的鞋子和衣服全都湿透了，冰凉冰凉的。他们搞不清楚在那个凄风苦雨的夜晚，他究竟到哪儿去了。后来他们发现了一盏没有熄灭的灯笼，一把挪动过地方的梯子，几支扔得满地的画笔，还有一块调色板，上面涂抹着绿色和黄色的颜料。不久苏跑到琼西的病床前告诉她，贝尔门先生在医院里患肺炎去世了。"亲爱的，瞧瞧窗子外面，瞧瞧墙上最后一片藤叶。难道你没有想过，为什么风刮得那么厉害，它却从来不摇动呢？唉，亲爱的，这片叶子才是贝尔门的杰作——就是最后一片叶子掉下来的晚上，他把它画在那里的。"

病重的琼西因为一片画上去的叶子坚定了活下去的信念，最终她也依靠这股力量，延续了自己的生命之火。所以说，世间没有什么事是不可能的，只要你能坚定地相信明天，相信奇迹，那么你就把握住了人生战场上的"奇""正"了。

原文

激水之疾，至于漂石者，势也；鸷鸟①之疾，至于毁折者，节②也。是故善战者，其势险，其节短。势如彍弩③，节如发机④。

注释

①鸷鸟：凶猛的鸟。

②节：节奏，指在短距离以俯冲之势杀伤猎物。

③彍（guō）弩：张满弩机。

④发机：触发扳机。

译文

湍急的流水之所以能冲走巨石，是因为有使它产生巨大冲击力的势能；猛禽搏击雀鸟，一举可置对手于死地，是因为它节奏迅猛。所以善于作战的指挥者，他所造成的态势是险峻的，进攻的节奏是短促有力的。"势险"就如同满弓待发的弩那样蓄势，"节短"正如搏动弩机那样突然。

兵法智慧

在此处，孙子初讲出奇造势之策。用兵作战讲究"形势"，"形"指力量尚未爆发之前的状态，属于静态，而"势"指力量迅速爆发的威力，兵贵神速，才能出其不意，攻其无备。作战前讲究"形"的布置，以追求"势"爆发的力量，即为造势。"势"对应力量，"节"对应出手的机会。战争中不管是势力形态如何，可以伺机通过战术安排壮大力量，以达到一击即破的目的。"形势"和"兵贵神速"相对应，目的都在于达到势如破竹的力量状态打倒敌人，以最小的付出获得最高的利益。

1789 年法国爆发资产阶级大革命，它如同暴风骤雨，为整个法兰西大地带来了一场非同一般的洗礼，封建罪恶风雨飘摇、摇摇欲坠。但是它进行得并不是很彻底，在国内还有一些封建君主制的残留。

在巨大的社会变革面前，心有不甘的国王路易十六世偷偷向普鲁士、奥地利、俄罗斯和西班牙的封建君主们发出了求救信号，这些封建专制的卫道士纷纷向他伸出援手。

当时，法国人民的爱国热情被激发。应征入伍的公民们不畏生死，毅然奔赴前线。当时法国著名的革命家丹东发表了著名演说，他说："大家所听到的并不是告急的炮声，而是向祖国的敌人发起冲锋的号角。要想战胜敌人，我们必须勇敢，勇敢，再勇敢！只有这样，法国才能得救！"

1792 年 9 月 20 日，著名的瓦尔密战役从清晨开始便打响了。不伦瑞克没有把法军放在眼里，一心以最快的速度攻占巴黎的通路。因此，他率先发起攻击。上午 11 时，联军发起总攻。

就在这时，为首的克勒曼喊出了"国民万岁"的口令。一时间阵地上的法国士兵同声高喊"国民万岁"，如同惊雷一般震动了敌军，也震动了阵地上每一位法国青年志愿者，激发了他们拼死一战的决心。

他们向着敌人的方向猛扑过去，挥舞着兵器杀向敌军，敌军被对方的气势镇住了，一向傲气的他们突然胆颤心惊。紧接着，阵地前面的肉搏战展开了，法军越战越勇，步步紧逼，联军节节败退。接下来经过一连十几天的作战和对峙，法国士兵大获全胜，联军全线撤退，最后完全退出法国境内。

正所谓，"故善战者，其势险，其节短。"在战争的气势和节奏上，孙子给出了指导——善战者所造成的态势应该是险峻的，像满弓待发的弩那样充满紧张的张力，他所指导的战事节奏应该是短促有力的，劲短的节奏应该像瞬间搏动的弩机那样突然。特别是自身处于弱势的时候，一旦发现敌方破绽，必须要以最强有力的进攻取得胜利，否则机会一旦失去，或者没有一下击溃敌人，当敌人再次站起来的时候，失败将是我方的。

■ 原文

纷纷纭纭，斗乱①而不可乱也；浑浑沌沌，形圆而不可败②也。乱生于治，怯生于勇，弱生于强。治乱，数也③；勇怯，势也④；强弱，形也⑤。

注释

①斗乱：于纷乱状态中指挥战斗。

②形圆而不可败：圆阵不见首尾，扰而不乱，就不会失败。

③治乱，数也：治、乱视乎组织编制是否健全。

④勇怯，势也：勇、怯视乎是否得势。

⑤强弱，形也：强、弱则视乎实力。

译文

旌旗纷纷，人马纭纭，双方混战，战场上事态万端，但自己的指挥、组织、阵脚不能乱；混混沌沌，迷迷蒙蒙，两军搅作一团，但胜利在我把握之中。双方交战，一方之乱，是因为对方治军更严谨；一方怯懦，是因为对方更勇敢；一方弱小，是因为对方更强大。军队治理有序或者混乱，在于其组织编制；士兵勇敢或者胆怯，在于军队所营造的态势和声势；军力强大或者弱小，在于部队日常训练所造就的内在实力。

▌兵法智慧

一旦战事打响，双方交战，混乱芜杂是不可避免的。在这种局面下，军中将领不可能知晓每一个士兵的动向，但是一定要在乱中掌握秩序，做到心中有数，就像一个圆阵，只要还能首尾相顾，阵势就可以继续发挥力量。

孙子在这里还谈及了，军队治理有序或者混乱，在于其组织编制；士兵勇敢或者胆怯，在于部队所营造的态势和声势；军队强大或者弱小，在于部队日常训练所造就的实力。一个善战且经常能够在战争中获胜的将领所具备的素质应该是：沉得住气，心中有数。

公元 383 年，前秦苻坚亲率六十万大军攻打东晋建康，加上其他各路人马，有八九十万，声势浩大。当时的前秦已经占领了北方大片土地，北方的少数民族也有很多已经臣服。前秦在淝水之战前可谓国力富强，兵强马壮。

在此情况下，苻坚决心统一江南，因此不惜倾巢出动，想要一举拿下东晋。由于敌方来势凶猛，东晋一片慌乱，当时的皇帝晋孝武帝司马曜急招宰相谢安进宫商讨御敌大计。谢安从容启奏道："苻坚倾国出师，后方空虚，战线过长，兵力分散，军需粮草接应困难，内部又不团结。臣早将淮北流散之民迁往淮南，坚壁清野断其供给，令其势难立足。"经谢安举荐，晋孝武帝任命谢安之弟谢石为征讨大都督，谢安之侄谢玄为先锋，率领经过七年训练、有较强战斗力的北府兵八万沿淮河西上，迎击秦军主力。

在双方还未交战之际，谢安没有表现出一丝慌乱，他饮酒下棋，闭口不谈战事。谢玄来到帐中想请教一二，但谢安只淡淡地说到时候再说吧，就没有下文了。谢玄不好再三追问，但又实在为了战事寝食难安，于是再次同当时的大都督谢石前来询问。

其实谢安对他们的来意心知肚明，却闭口不谈国家大事，他和往常一样，让姬妾们准备食物，一行人游山玩水，并在树林里摆下棋局与谢玄等轮流对峙。谢玄等看到谢安兴致颇高，只得心不在焉地陪着下棋，却因心中有事连连输棋。

谢玄等人看到谢安如此，反倒心安起来，他们只当谢安已经胸有成竹，回去后也镇定地各司其职，练兵防御。主帅不慌，上下也安定了军心，严阵以待。

谢玄的八万精兵与符坚之弟符融的大军对峙淝水两岸。谢玄派使者去见符融，用激将法对他说："君悬军深入，而置阵逼水，此乃持久之计，非欲速战者也。若移阵少却，使晋兵得渡，以决胜负，不亦善乎？"但符坚认为可以将计就计，让军队稍向后退，待晋军半渡过河时，再以骑兵冲杀取得胜利。符融表示赞同，于是就答应了谢玄的要求，指挥秦军后撤。但秦兵一后撤就失去控制，阵势大乱。谢玄率领8千多骑兵，趁势抢渡淝水，向秦军猛攻。先被前秦俘获，并未真心投降的要将朱序则在秦军阵后大叫："秦兵败矣！秦兵败矣！"秦兵信以为真，转身奔逃，符融一看，催马向前，本想稳住阵脚，没想到却控制不住局势，被乱军冲倒。没了主帅的秦军更加溃败，后续部队不明就里，也引起了恐慌，全部大军向北败退。符坚在乱军中受伤，风声鹤唳，狼狈逃回洛阳。

晋军打败秦军，收复寿阳，捷报飞马传到了建康，当时谢安正在与客人下棋，随手把捷报放在旁边，不露声色地继续下棋。客人知是前沿阵地的消息，就问谢安是何事。谢安慢吞吞地说："小儿辈已破贼。"

谢安是东晋的宰相，有着泰山崩于前而色不变的定力，确实不是一般人能赶得上的。喜怒形于色、浅薄而焦躁的人是做不成大事的，所以我们一定要沉淀自己的内心，凡事做到心中有数，不自乱阵脚，才能在人马纷纭的人生战场上挥洒自如。

原文

故善动敌者，形之，敌必从之①；予之，敌必取之②。以利动之，以卒待之③。

注释

①形之，敌必从之：以伪装诱敌，使其中计。
②予之，敌必取之：小利诱敌，使其上钩。
③以卒待之：伏兵待敌。

译文

善于调动敌军的人，向敌军展示一种或真或假的军情，敌军必然据此判断而跟从；给予敌军一点实际利益作为诱饵，敌军必然趋利而来，从而听其调动。一方面用这些办法调动敌军，另一方面要严阵以待。

兵法智慧

孙子在此处从战争心理上去讨论战术，"形"可以通过观察而得知，使得敌人通过"形"知道我方战术安排，然后做相应的应战准备。然而军情不可外泄，因此孙子提出一个观点"斗乱不乱"，即向敌人展示慌乱的阵势，一方面使敌人无从得知我方战术安排，一方面可以将自己的真实实力及意图隐藏起来，给敌人造成轻敌的心理，然后伺机出兵。用灵活的作战方式应对敌人各种军情侦察，突破常规执行战术，以求敌方大意之时，重拳出击，一举击溃对方。因此将领要善于利用心理因素干扰敌人的行动。

在春秋战国时期，群雄争霸，各诸侯国之间为争寸土，经常兵戎相见。而国家内部为了权位，也会处心积虑，伺机而动，有时兄弟之间也会上演"以利动之，以卒待之"的戏码。

郑国的一个国君郑武公娶了一个申国的妻子，名叫武姜。武姜生了两个儿子，大儿子即是郑庄公，在生郑庄公的时候武姜难产，几乎丧命，因此武姜很讨厌他，为他取名"寤生"，意为倒着出生。武姜偏爱小儿子共叔段，曾多次向郑武公提出请求立共叔段为世子，郑武公却一直没有答应。

等到郑庄公即位掌权的时候，武姜又提出把制邑分封给共叔段。郑武公说："制邑是个险要的地方，以前虢叔就死在那里。这个地方不行，其他的任何地方都可以。"武姜又替共叔段请求封在京邑，郑武公答应了她，让共叔段住在了那里，称为京城太叔。

共叔段到了封地之后，招兵买马构筑城墙。消息传到京城，大夫祭仲说："分封的都城如果城墙超过三百方丈长，会成为国家的祸害。先王的制度规定，国内最大的城邑不能超过国都的三分之一，中等的不得超过五分之一，小的不能超过九分之一。现在京邑的城墙不符合法制，您的利益会受到损害。"庄公说："姜氏想要这样，我如何躲开这种祸害呢？"祭仲回答说："姜氏哪有满足的时候！不如及早处置，别让祸根滋长蔓延，一滋长蔓延就难办了。蔓延开来的野草还很难铲除干净，何况是您那受到宠爱的弟弟呢？"庄公说："多做不义的事情，必定会自己垮台，你姑且等待。"

过了不久，共叔段使原来属于郑国西边和北边的边邑既属于郑，又归为自己，成为两属之地。公子吕对庄公说："国家不能有两个国君，现在您打算怎么办？如果打算把郑国交给共叔段，那么我请求去服侍他；如果不给，那么就请除掉他，不要使百姓们产生疑虑。"庄公说："不用管他，他自己会遭到灾祸的。"不久之后，共叔段又把两处地方改为自己统辖的地方，一直扩展到廪延。公子吕又对庄公说："可以行动了！土地扩大了，他将得到老百姓的拥护。"庄公说："对君主不义，对兄长不亲，土地虽然扩大了，他最终会垮台的。"

领地不断扩充之后，共叔段修整了城郭，准备好了充足的粮食，修缮盔甲兵器，准备好了步兵和战车，准备要偷袭郑国都。武姜准备为共叔段打开城门做内应。庄公知道了共叔段偷袭郑的日期，说："可以出击了！"于是命令子封率领二百辆战车去讨伐京邑，京邑的人民背叛共叔段，共叔段于是逃到鄢城。庄公又追到鄢城讨伐他，后来共叔段逃到共国。

从上面的描述不难看出，把共叔段赶出郑国其实是郑庄公的目的。他对共叔段的预谋早有察觉，共叔段的行动一直在他的掌握之中。他先"以利动之"，对共叔段的要求一一满足，在他做的不合法制的时候也不加以制止，但在暗里却以卒待之，做好了全面惩罚共叔段的准备，最后把共叔段赶出了郑国，达到了自己的目的。

我们在做事过程中也要注意对未来可能遇到的挑战要做好准备，

对自身行动中的漏洞可能导致的损失加以防范，严阵以待，这样才能防患于未然。

▄▄ 原文

故善战者，求之于势，不责于人，故能择人而任势①。任势者，其战人②也，如转木石；木石之性：安则静，危则动，方则止，圆则行。故善战人之势，如转圆石于千仞之山者，势也。

注释

①择人而任势：选择人才去利用和创造有利的态势。

②战人：指挥士兵作战。

译文

因此，善于打仗的人总是努力创造有利的态势，而不是苛求士兵，因而能选择人才去利用和创造有利的态势。善于利用态势的将领指挥军队作战就像转动木头和石头。木石的特征是处于平坦地势上就静止不动，处于陡峭的斜坡上就会滚动，方的容易静止，圆的容易滚动。所以，善于指挥打仗的人所造就的"势"，就像让圆石从极高极陡的山上滚下来一样，来势凶猛，这就是所谓的"势"。

▄ 兵法智慧

战争讲究"势"的应用，在作战过程中应该不断地制造对我方有利的形势，以确保战争的胜利。"势"为人造，人是"势"的关键。因此孙子提出"择人任势"的观点。通过任命有谋略的将领，是创造和利用"势"的关键。根据不同的形势任用不同的人才。反之，若是任用不当，造成的结果可能是失去优势，严重的话将会损兵折将，导致失败。

恰当运用一个人的长处甚至短处，都能为自己造成有利的"势"。《三国演义》中诸葛亮智算华容道，就是成功运用了关羽的性格特点，从而成就了三足鼎立之"势"。

三国时期，孙刘联手火烧赤壁，曹操大败而归。来到华容道附近，只见杂草丛生，到处是泥潭。于是曹操命令老弱病残的士兵割草铺路，在混乱之中，有的铺路士兵来不及躲避，被乱马踩踏而死。走出泥潭后，曹操突然大笑起来，说："刘备不过如此，诸葛亮的计谋也不怎么样，如果他们在此处设下埋伏，我曹操一定命丧于此了。"话音刚落，赵子龙从后面带了一队人马冲过来。曹操大惊失色，这时两员大将徐晃、张郃冲出来奋力挡住赵子龙，曹操才得以逃脱。

最后到了华容道，华容道有两条路，一是大路，还有一条小路。小路崎岖狭窄，而且烟雾缭绕，曹操道："诸葛亮以为我会走大路，所以故意在小路上放烟，今天我一定要走小路，不让他的计谋得逞。"正在这时，勇猛无敌的关羽出现了，立马横刀在路上准备捉拿曹操。曹操下马哀求，请关羽放他一条生路。当初关羽在与刘备失散时，曹操因为爱才，所以曾收留了关羽，并好生款待。关羽执意要走，去寻找刘备，曹操就答应关羽等他养好伤之后便放他走。关羽伤好离开之时，曹操手下的将士们不同意，背着曹操暗中拦截关羽，多亏曹操派御史前来，关羽才得以脱身。

重情重义的关羽对于欠下曹操的人情一直耿耿于怀，最后违背了诸葛亮的命令，放走了曹操。

诸葛亮虽然算准曹操败走之后必经华容道，但还是派了关羽前往。关羽义释曹操的情况，诸葛亮早就料到了，但这也正是他想要的结果。从历史的角度看，曹操不死，与孙刘成三足鼎立之势对蜀汉来说是最有利的。所以放走曹操是最好的选择，而放走曹操最好的人选则是欠曹操人情又重情重义的关羽。

战争是人与人的对峙，是人与人智慧和力量的火拼。《孙子兵法》中很大篇幅都在讲战争中的"人"，一场战争的胜负，很大程度上取决于领兵者对士兵的组织和管理。从这个角度来看，提出将领对战争的重要性，也提出战争到底需要什么样的将领，为军事作战用兵思想提出了最宝贵的一点——唯才是用。

在现实生活中，作为一个团队的组织者应该秉承"择人而任势"的准则，在工作中耐心去发现和利用一个人的长处，尽量回避一个人的短处。

第六篇

虚实篇 ❧

曹操曰：能虚实彼己也。

题解 __

虚实，是中国古代重要的兵学术语。兵者，诡诈之术。用诈则以虚为实，以实为虚，以迷惑、引诱敌人，达到以实击虚，出其不意，攻其不备的目的。军事实力应与将帅的主观努力和聪明才智相结合，将"以逸待劳""因敌致胜"使用虚实转弊为利，则"形兵之极，至于无形"而"胜可为"。

用虚实的关键是灵活运兵，掌握战争的主动权。主动权是军队的命脉。作战双方谁掌握了主动权，保持了军队的行动自由，谁就会取得胜利；谁陷于被动地位，使军队被迫处于不自由的状态，谁就会遭受失败。这是战争的一般规律。孙武在本篇中提出的"善战者，致人而不致于人"，说的就是在战争中要力争主动，避免被动。

怎样争夺主动权呢？孙武提出在作战原则上要"我专敌分"，集中自己的兵力，分散敌人的力量，用"形人而我无形"的方法迷惑敌人，扰乱敌人，使敌"无所不备，无所不寡"，逐渐露出破绽，我则"以众击寡"，用优势兵力夺取战争中的优势。在作战指挥上，孙武又提出"形兵之极"，灵活使用兵力和变换战术的主张。他认为，灵活使用兵力的关键在于调动敌人，迫使敌人就范，造成"我欲战，敌虽高垒深沟，不得不与我战"的主动局面。而在作战方式上则主张灵活主动，适应情况，变化无穷，使敌"深间不能窥，智者不能谋"。做到这些则"胜可为"，使敌"无斗"，取得主动权。这些认识是符合事物发展规律的，现在战争条件虽与古代不同，但孙武的这些战争思想仍具有相当的价值。

第六篇　虚实篇

━ 原文

孙子曰：凡先处战地而待敌者佚①，后处战地而趋战者劳②。故善战者，致人而不致于人③。能使敌人自至者，利之也④；能使敌人不得至者，害之也⑤。故敌佚能劳之⑥，饱能饥之⑦，安能动之⑧。

注释

①先处战地而待敌者佚：处，占领。佚，即"逸"，指安逸、从容。

②后处战地而趋战者劳：趋，奔赴，这里是仓促、猝然的意思。趋战，仓促应战。此句意为作战中后占据战地仓促应战，则疲劳被动。

③致人而不致于人：致，招致、引来。致人，调动敌人。致于人，为敌人所调动。这句话的核心含义是争取把握作战中的主动权，是孙子作战指导思想的精髓。

④能使敌人自至者，利之也：利之，以利引诱。意为能使敌人自投罗网，乃是以利相引诱的缘故。

⑤能使敌人不得至者，害之也：害，妨碍、阻挠。此言能使敌人不能到达战地，乃是牵制敌人的结果。

⑥敌佚能劳之：能，乃、就。劳，疲劳，使动用法。

⑦饱能饥之：饥，饥饿、饥困，使动用法。

⑧安能动之：言敌人若安固守御，就设法使它移动。

译文

孙子说，大凡先期到达战地等待敌军的就精力充沛、主动安逸，而后到达战地匆忙投入战斗的就被动劳累。所以，善于作战的人调动敌人而决不为敌人所调动。能够调动敌人使之自动前来预期的战地，是用利益来引诱；能使敌人不能先我来到战场，是设置障碍、多方阻挠的结果。所以，敌人若行军安逸，就使之疲劳；敌人若粮食充足，就使之匮乏；敌人若安然不动，就能使他不得不行动起来。

兵法智慧

孙子主张先发制人，他主张在作战前要"算"要"备"，即战前要精心算好形势，准备好物资。作战中则要猛，要快，气势要足，信心要强。在这里，孙子秉承一贯的阳刚之法，告诉我们在即将交战的战场上，善战者应该先发制人，事事赶在前面。

也就是说，"主动权"是战争胜利的关键，它贯穿于整个作战过程中。主动与被动都是基于地形、军力等这些客观条件，在善于利用优势条件的同时，对自身不利的条件要试图去改变，目的在于扰乱敌人的计划，调动敌人，使得敌人的优势转化为劣势，也使得自身转被动为主动。这样就能使敌人为我方所动，按照我方的意图行事，取得战争胜利。

在先秦，许多有见识的军事家都明白先发制人的道理，但有些迂腐的国君却把战争同书本上的仁义道德混为一谈，结果自然导致惨败。在泓水之战中，宋襄公就是没有听从贤臣的意见，没有先发制人，最后被楚军大败。

公元前638年，楚国和宋国为了扩张领土、争霸中原而发生了战争，战争的起因是因为郑国。国力稍逊的郑国亲近楚国，宋国为了间接消灭楚国的力量，出兵攻郑，楚国发兵援郑。双方为了各自的利益在泓水边开战。

宋国率先在泓水边上摆好了阵势，士兵们严阵以待，等候宋襄公下令进攻。但是国力强大的楚国只有一部分士兵渡过了泓水，还有大量的兵力留在河的对岸。此时担任司马的子鱼向宋襄公建议说："楚国的兵力强大，不如趁着他们还没有完全渡过泓水的时候袭击他们。宋襄公犹豫了一下说："不可以这么做。这不仁义！"

几天后，楚国的军队全部驾船渡过了泓水，但还很混乱，没有摆好阵势，没有做好作战的准备。这时子鱼又建议说："楚军还没有做好准备，我们应该及时出兵，打他个措手不及。"宋襄公仍然摇头说："不行。这不仁义！"等到楚军摆好阵势全力应战的时候，宋襄公才下令进攻，结果被强大的楚军打败。宋襄公在战争中差点儿丧命，他的护卫官全部被杀。

宋国战败，国人都埋怨宋襄公，宋襄公说："有道德的人只要敌人负伤，就不再伤害他，也不俘虏头发斑白的敌人。古时候指挥战斗是不凭借险要地势的。我虽然是已经亡了国的商朝的后代，却不去进攻没有摆好阵势的敌人。"

子鱼说:"您不懂得作战的道理,强大的敌人因地形不利而没有摆好阵势,那是老天在帮助我们。敌人在地形上受困而向他们发动进攻,不也可以吗?还怕不能取胜!当前具有很强战斗力的人都是我们的敌人,即使是年纪很老的,能抓得到就该俘虏他,对于头发花白的人又有什么值得怜惜的呢?使士兵明白什么是耻辱来鼓舞斗志,奋勇作战,为的是消灭敌人。敌人受了伤,还没有死,为什么不能再去伤害他们呢?不忍心再去伤害他们,就等于没有杀伤他们;怜悯年纪大的敌人,就等于屈服于敌人。军队凭着有利的战机去进行战斗,鸣金击鼓是用来助长声势、鼓舞士气的。既然军队作战要抓住有利的战机,那么敌人处于困境时,正好可以进攻。既然声势壮大,充分鼓舞起士兵斗志,那么攻击未列阵的敌人,当然是可以的。"

在泓水之战中,宋国本来是以逸待劳,处于有利的形势。如果设置阻碍,或率先出击,那么胜利的把握很大。宋襄公没有把握好先发制人的作战道理,给自己的国家造成了不可估量的损失。

在看不见硝烟的商战中,先发制人也会带来新的商机,我们也要提高警惕,以防受制于人,错失良机。

■ 原文

出其所不趋①,趋其所不意②。行千里而不劳者,行于无人之地也③。

攻而必取者，攻其所不守也④；守而必固者，守其所不攻也⑤。故善攻者，敌不知其所守；善守者，敌不知其所攻⑥。微乎微乎，至于无形⑦；神乎神乎，至于无声⑧；故能为敌之司命⑨。

注释

①出其所不趋：不，在此处当作"无法""无从"之意解。意为出兵要指向敌人无法救援的地方，即击其空虚。

②趋其所不意：指兵锋要指向敌人不曾预料之处。

③行千里而不劳者，行于无人之地也：进军千里而不疲惫，是因为走在敌军无人抵抗或无力抵抗的地区，如入无人之境。

④攻而必取者，攻其所不守也：言我出击而必能取胜，乃由于出击的是敌人戒备松懈、无从防守之处。

⑤守而必固者，守其所不攻也：言我防守而必能稳固，乃由于所防守的是敌人无法攻取的地方。

⑥"故善攻者"至"敌不知其所攻"句：梅尧臣注："善攻者，机密不泄；善守者，周备不隙。"王皙注："善攻者，待敌有可胜之隙，速而攻之，则使其不能守也。善守者，常为不可胜，则使其不能攻也。"皆为精审。

⑦微乎微乎，至于无形：微，微妙、高明的意思。杨忄京注："微妙，精尽也。"此句谓虚实运用微妙到极致，则无形可睹。

⑧神乎神乎，至于无声：神，神奇、神妙、不可思议。《易·系辞》："阴阳不测之谓神。"此言虚实运用神奇之至，则无声息可闻。

⑨故能为敌之司命：司命，命运的主宰者。《管子·国蓄》："五

谷食米，民之司命也。"

译文

通过敌人不设防的地区进军，在敌人预料不到的时间进攻敌人预料不到的地点。进军千里而不疲惫，是因为走在敌军无人抵抗或无力抵抗的地区，如入无人之境。我进攻就一定会获胜，是因为攻击的是敌人疏于防守的地方。我防守一定稳固，是因为守住了敌人一定会进攻的地方。所以善于进攻的，能做到使敌方不知道在哪防守，怎样防守。而善于防守的，能使敌人不知道从哪进攻，怎样进攻。深奥啊，精妙啊，竟然见不到一点形迹；神奇啊，玄妙啊，居然不漏出一点消息，所以能成为敌人命运的主宰。

兵法智慧

"兵者，诡道也"，用兵作战讲究"以出奇制胜"，奇即为避实击虚，以实击虚，出其不意，攻其不守，而制胜于敌。因此，"出其不趋，攻其不备"是建立在虚实认识、理解以及运用的基础上。要求以石击卵，稳操胜券，避害趋利从而获得胜利。虚实互用与奇正相依，两者结合充满了辩证思想的理性智慧。

隋建立后，雄踞北方的突厥和中原的关系更加恶化。公元 579 年，沙钵略可汗成为突厥大可汗，他的妻子是北周的和亲公主。杨坚取代北周后，沙钵略对臣下说："我是周家的亲戚，如今隋公取代周氏自立，我若不去制止，有什么面目去见我的妻子呢？"

隋文帝杨坚即位的第一年（公元 581 年），占据营州的高宝宁与沙钵略起兵反隋，合军攻陷了山海关，并与诸部合谋南下。杨坚为防突厥南下，派人修筑长城，增加边防人员，命大将阴寿镇幽州，沁源公虞庆则镇守并州，屯兵数万，防备突厥南下。

隋文帝开皇二年（公元 582 年），突厥大举南下，连连获胜，先后占领了武威、金城、天水、安定、弘化、延安、上都等地。一时间举国震惊。隋朝名将杨爽率军迎敌，探子探到沙钵略军队的大致位置，但敌军的数量三四倍于己，杨爽召诸将共商退敌之计。总管李充对杨爽说："突厥人习惯突然发动袭击，必然会很轻视我方，对我们没有什么防备。如果我们出其不意地以精兵突然袭击，可能会击败他们。"大家都觉得李充的这个计划无异于以卵击石，如果失败，隋军在战斗力和士气方面都会大大受损。长史李彻则认为李充的办法可行，请求一同前往。杨爽考虑再三同意了此次作战计划，并积极派兵接应。

李充和李彻带着五千人马趁着夜色的掩护，悄悄地接近敌军。李充一声令下，顿时无数火把被点燃，扔到了突厥的军营。一时间突厥营帐内火光冲天，人声鼎沸，喊声一片，突厥军大乱。

沙钵略披上衣服到外面一看，前面已乱成一团，火光四起，他拿了一把剑试图稳住大局，但根本阻挡不住士兵的溃逃。隋军越来越近了，沙钵略也不敢再耽搁了，提着一把兵器，连身上的金甲也没有穿就逃到营帐外的草丛中。

沙钵略组织残军试图反击，但大营被杨爽军占领，军中没有一粒粮食，和杨爽军的战斗也是屡战屡败。沙钵略的士兵们最后甚至将死去的马骨磨成粉当成粮食，加上疫情传播，死者不计其数。

这场战争以杨爽军的胜利和沙钵略军失败而告终，而李充的奇袭无疑对这场战争的胜利起到了关键作用。正所谓，"出其所不趋，趋其所不意。"进攻敌军防守薄弱的地方，在敌人意想不到的时间攻击敌人意想不到的地方能够取得胜利。

■■ 原文

进而不可御者，冲其虚也①；退而不可追者，速而不可及也。故我欲战，敌虽高垒深沟，不得不与我战者，攻其所必救②也；我不欲战，画地而守之③，敌不得与我战者，乖其所之也④。

注释

①进而不可御者，冲其虚也：御，抵御。冲，攻击、袭击。虚，虚懈薄弱之处。进攻时，敌人无法抵御，那是攻击了敌人兵力空虚的地方。

②必救：必定救援之处，喻指利害攸关之地。

③画地而守之：画，指画出界限。指在地上随便划出一条界线即可防守而不必筑垒设防，比喻防守非常容易。

④乖其所之也：乖，违背、背离，此处是改变、调动的意思。之，往、去。意为调动敌人，将其引往他处。

译文

进攻时，敌人无法抵御，那是攻击了敌人兵力空虚的地方；撤退时，敌人无法追击，那是行动迅速敌人无法追上。所以我军要交战，敌人就算垒高墙挖深沟，也不得不出来与我军交战，因为我军攻击了它非救不可的要害之地；我军不想与敌军交战，虽然只是在地上画出界限权作防守，敌人也无法与我军交战，原因是我已设法改变了敌军进攻的方向。

◼ 兵法智慧

在战场上，胜利是唯一的目的。兵不厌诈是每个军事家都明白的道理，如果在作战中一味讲求做"正义之师"，无论对手强弱，一律正面迎战，很可能会得到惨痛的教训。在作战中要取得胜利，就要避实就虚，照着敌人防守薄弱的地方打，才能有获胜的机会。打的时候速度还要快，在没有发现敌人薄弱环节的时候，要引诱敌人露出破绽。

选择在敌人意想不到或统治力量渗透不到的地方进攻，是我国无产阶级革命取得胜利的一个重大策略，其中最为知名的战略便是"以农村包围城市"。

我国是有名的农业大国，农村经济在新时期也得到了高速发展，消费水平更是随之节节攀高，而曾经作为消费主体的中心城市出现了市场逐渐饱和、商品过剩的现象。农村成了各大品牌渗入相当薄弱的环境，争取这部分市场份额是很多品牌新的战略方针。

因此，在新时期，许多企业也采取了"农村包围城市"的战略。可口可乐、李宁、玉兰油等大品牌利用已经在城市打响的品牌优势，逐渐向二三线城市渗透。更有的商家在企业建立之初就把眼光放在城镇。

太子奶在 1997 年创建之初，就制定了"农村包围城市"的策略，经过几年的实践证明是正确的。太子奶业集团成立了农村事业部，开发了新的农村产品，加大招商力度和换商力度，大力进行广告宣传，设置严整的一整套从集团总公司到农村市场经营的财务、内勤等组织架构。

通过"农村包围城市"的战略，太子奶业集团在纵向营销中，地区县市、城镇、农村等成为主要的营销市场，其他省会直辖市等城市销售只占一小部分的比重。在横向的销售中，酒店和商超只占 30%，零售占了相当大的比重。

在中国既垄断又繁荣的奶业市场中，太子奶以其他大品牌忽略的小城镇、农村为销售目标，成功占据了商业竞争中的销售市场，实现了自己营销战略的大胜利，在激烈的市场竞争中成功占据了一席之地。

▄▄ 原文

故形人而我无形①，则我专而敌分②。我专为一，敌分为十，是以十攻其一也③，则我众而敌寡；能以众击寡者，则吾之所与战者，约矣④。吾所与战之地不可知⑤，不可知，则敌所备者多；敌所备者多，则吾所与战者，寡矣。故备前则后寡，备后则前寡；备左则右寡，备右则左寡。无所不备，则无所不寡⑥。寡者，备人者也⑦；众者，使人备己者也⑧。

注释

①故形人而我无形：形人，使敌人显现形迹。形，此处作动词，显露的意思。我无形，即我方无形迹，"形"在此处为名词。意为使敌人显露实情而我方却能隐蔽真情。

②我专而敌分：专，专一、集中，此处指集中兵力。分，分散兵力。

③是以十攻其一也：我方在局部上对敌拥有以十击一的绝对优势。

④吾之所与战者，约矣：梅尧臣注："以专击分，则我所敌少也。"约，少、寡。杜牧注："约，犹少也。"

⑤吾所与战之地不可知：敌方无从知晓我方准备与敌作战的地点。所与战之地，指准备与敌交战的地点。

⑥无所不备，则无所不寡：倘若不分主次平均分配兵力，处处设防，必然是处处兵力寡弱，陷入被动。

⑦寡者，备人者也：敌方兵力之所以相对薄弱，在于分兵备敌。

⑧众者，使人备己者也：我方兵力之所以占有相对优势，是因为迫使敌人分兵备战。

译文

所以，使敌军处于暴露状态而我军处于隐蔽状态，这样我军兵力就可以集中，而敌军兵力就不得不分散。（如果敌我兵力相当）我集中兵力于一处，而敌人分散为十处，我就是以十对一。这样，（在局部战场上）就会出现我众敌寡的态势，在这种态势下，与我军发生战争的敌方士兵就会大大减少。敌军不知道我军所预定的战场在哪里，就会处处分兵防备，防备的地方越多，能够与我军在特定的地点直接交战的敌军就越少。所以防备前面，则后面兵力不足，防备后面，则前面兵力不足，防备左方，则右方兵力不足，防备右方，则左方兵力不足，所有的地方都防备，则所有的地方都兵力不足。兵力不足，全是因为分兵防御敌人；兵力充足，是由于迫使敌人分兵防御我。

兵法智慧

通过这段论述不难看出，两军之间无论在兵力、实力上有多大的差距，这种差距都是相对的，都是可以发生变化的，关键要看用兵者如何更加有效地指挥自己现有的兵力。

"我专为一，敌分为十，是以十攻其一也，则我众而敌寡。"这句话很好地诠释了孙子在用兵方面的绝妙之处。孙子讲，如果我方把自己的实力隐藏起来，那么对方就很难了解我方的具体实力，这样一来他们就不得不分散更多的兵力来对我军进行全方面的侦察，而在这时如果我方出其不意，以全部兵力袭击对方一部分兵力，那么对方肯定会大败。

确实如此，两军在作战之时最怕摸不清对方的状况，战争不是儿戏，而是血淋淋的现实。在战争中一个很小的失误就可能导致很多人白白流血牺牲，所以孙子在用兵方面非常讲究虚实、技巧、时机和部署，只有在形势绝对有利于我方时才果断出击，一招制敌。

诸葛亮刚刚随刘备出山时，刘备正依附于他的远房宗亲刘表，坐守小城新野，兵寡粮少。而刘备当时的敌人曹操却兵强马壮。为了铲除刘备的势力，曹操曾派猛将夏侯惇等人率领重兵前去与之交战。

面对如此强大的对手，诸葛亮没有恐慌，而是很正确地分析了一下两军的实力，然后通过连连诈败，让曹军误认为刘备的兵力实在是小得不足以与之交锋。夏侯惇为此也更加看不起刘备，认为他只是一个坐守小县的鼠辈而已，既没有充足的人丁来训练成军队，也没有足够的粮草来供给士兵们守卫，所以自认为擒获刘备简直像探囊取物一般容易。所以他不顾荀彧和徐庶的警告，在曹操面前立下军令状，说要生擒刘备和诸葛亮。

诸葛亮在一再"败北"之后，识破夏侯惇轻敌的态度，通过研究新野城周围的地势、地貌，定下了诱敌之计。

夏侯惇与于禁等人带领军队与刘备军对决，遥望刘备军，兵阵相当差劲，于是驱马迎战，刘备军败北而逃，仅留赵云断后。经过几个回合，赵云假装不敌，一路急逃。夏侯惇带大队曹军像驱赶羊群一样在后面追赶，好不快意。

这时，韩浩跑出来提醒夏侯惇，赵云一路败逃好像是在诱敌，前面可能会有埋伏。夏侯惇虽有迟疑，但是一想刘军兵力如此之弱，便不屑一顾地继续追杀。

不久，刘军果然有一伙早已埋伏好的人冲杀了出来，不过他们的实力太弱了，并没有对曹军造成多大杀伤力。这样夏侯惇就更没有顾虑了，继续一路追杀，发誓要活捉刘备和诸葛亮。

很快刘军败逃到博望坡，此时天色已黑，道路已经看不清楚，而且当时曹军所在的一段路刚好又特别狭窄，两边杂草丛生。曹将李典感觉大势不妙，急劝夏侯惇回头，但是为时已晚。突然间四面八方尽皆是火，又值风大，火势愈猛。曹军人马自相践踏，死者不计其数。

赵云又杀了一个回马枪，夏侯惇冒火突围，他所带领的士兵被杀得尸横遍野，血流成河。

在这场战争中，诸葛亮一再战败，有效地掩饰了己方军队的实力，让夏侯惇判断失误，然后在最有利于自己军队进攻的时机和地段，向曹军发起强势进攻，最终取得全胜。由此可见在对抗性的战争中学会隐藏实力，分散敌军注意力，混淆敌方视听，对于取胜来讲非常有效。

在现实生活中，虽然我们所处的时代是一个和平的时代，但是在职场、商场和官场中一样充满看不到的硝烟，要想在这些场合顺利发展，我们也要深入地学习并实践孙子这种"故形人而我无形，则我专而敌分"的智慧。如果不知隐蔽锋芒，只会把自己的优点、缺点一再展示给他人，从而给人机会找到打败我们的时机和突破点，失去把握自己人生的主动权。

▰▰ 原文

故知战之地，知战之日，则可千里而会战①。不知战地，不知战日，则左不能救右，右不能救左，前不能救后，后不能救前，而况远者数十里，近者数里乎②？以吾度之③，越人之兵虽多④，亦奚益于胜败哉⑤？故曰：胜可为也⑥，敌虽众，可使无斗⑦。

注释

①故知战之地，知战之日，则可千里而会战：如能预先掌握战场的地形条件与交战时间，则可以行军千里与敌人交战。

②"不知战地"至"近者数里乎"句：不能预知与敌人交战的地点，又不能预知交战的时间，仓促遇敌，就会左军不能救右军，右军不能救左军，前军不能救后军，后军不能救前军，何况远的相距数十里，近的也有好几里呢。

③以吾度之：度，估计、推测。《诗经·小雅·巧言》："他人有心，予忖度之。"成语有"审时度势"。

④越人之兵虽多：越人之兵，越国的军队。春秋时期，晋、楚长期争霸，晋拉拢吴以牵制楚国，楚则如法炮制，利用越来抗衡吴国，吴、越之间多年征战不休，两国遂为世仇。孙子为吴王论兵法，自然要以越国为吴的主要假想作战对象。

⑤亦奚益于胜败哉：奚，岂、哪能够。益，帮助。于，对于。

⑥胜可为也：为，造成、创造、争取。胜可为，言胜利可以积极造就。《形篇》言"胜可知而不可为"，是就客观规律性立论，指胜利可以预见，但却不可凭主观愿望强求，而必须具备一定的客观物质基础。此处言"胜可为"，乃是就主观能动性立论，是说当具备一定的客观条件时，只要将帅充分发挥主观能动性，就能创造胜利。两者之间并无矛盾。

⑦敌虽众，可使无斗：敌人虽多，但只要创造条件，就能够使他们无法同我方较量。

译文

所以，既预知与敌人交战的地点，又预知交战的时间，即使行军千里也可以与敌人交战。不能预知与敌人交战的地点，又不能预知交战的时间，仓促遇敌，就会左军不能救右军，右军不能救左军，前军不能救后军，后军不能救前军，何况远的相距数十里，近的也有好几里呢。依我对吴国所作的分析，越国虽然兵多，但对他的胜利又有什么帮助呢？所以说胜利是可以创造的，敌人虽然兵多，却可以使他无法同我较量。

■ 兵法智慧

在《孙子兵法》中，孙子处处透露出自信，就像他在此处所说的，每一次准备好的战役里都是可以取得胜利的，即使面对的是敌众我寡的局面。

那么创造胜利的条件是什么呢？孙子强调："故知战之地，知战之日，则可千里而会战。不知战地，不知战日，则左不能救右，右不能救左，前不能救后，后不能救前。"如果提前能预知到与敌军交战的地点和时间，那么即使是千里行军也可以从容地与敌人战斗，如果不能预知这些，仓促应战，就会左军救不了右军，右军顾不了左军，前军救不了后军，后军顾不了前军。更何况离着几里乃至几十里地呢，那更是不要想了。所以布兵行军都不要打无准备之仗，从容应战，胜算就大，仓促应战，大部分情况下会兵败。

隋朝末年，李世民领兵五万攻打洛阳王世充，王世充孤城奋战，弹尽粮绝，于是向窦建德求救。窦建德一是怕唐军降服了王世充后，马上威胁自己的割据势力，二是希望先联合王世充击退唐军，再伺机灭王世充，和唐军再争天下。于是率兵十万向西挺进，一路上收复失地，然后来到虎牢的东面。

李世民的部将认为，唐军长期顿兵坚城已疲惫不堪，而窦建德的部队士气正旺，所以不宜作战，应退守新安（今河南）。李世民则认为一旦撤兵，窦建德与王世充的军队会合，将粮草无忧，声势复振，战事将拖延无日。于是他力排众议，继续围困洛阳，同时亲率精锐部队阻击窦建德的军队于虎牢，虎牢地势险要，窦建德激战数月不能前进半步，将士思归。

李世民察觉这个情况后，先让一小部分军队正面迎敌，诱敌出动，窦军果然上当，倾巢而出，被李世民潜伏的精锐部队从后包抄，窦军大乱。李世民乘胜追击，活捉窦建德，斩首敌军三千人，俘虏一万多人。王世充见大势已去，率众投降，至此唐朝统一大业基本完成。

在此次战役中，李世民在腹背受敌的情况下，充分了解两方敌人的情况，在兵力与敌军相差很大的情况下，巧妙用兵，打开了战场新的局面，打赢了唐朝统一战争中重要的一仗。窦建德的军队人多势众，士气正旺，一些将领却收受王世充的贿赂，带有私心，在作战中没有全力以赴，失败是必然的。

在生活中，遭遇挫折面对困难也是必然的。没有人会一帆风顺，人生就是要解决一个又一个的麻烦。人生中的挑战如战场上的敌人，当你觉得挑战大过自己的实力时不要放弃。《孙子兵法》告诉我们，哪怕敌人的实力比我大，我也能创造胜利。只要看清楚挑战的来源，分析它的内在规律，做好充足的准备定能一举攻克难关。

■ 原文

故策之而知得失之计①，作之而知动静之理②，形之而知死生之地③，角之而知有余不足之处④。故形兵之极，至于无形⑤；无形，则深间不能窥，智者不能谋⑥。因形而错胜于众⑦，众不能知。人皆知我所以胜之形⑧，而莫知吾所以制胜之形⑨。故其战胜不复⑩，而应形于无穷⑪。

注释

①策之而知得失之计：策，用筹策计算。得失之计，敌计之优劣得失。

②作之而知动静之理：作，兴起，这里是挑动的意思。动静之理，指敌人的活动规律。此句意通过阵前挑动敌人，借以了解其活动规律。

③形之而知死生之地：形之，以伪形示敌。死生之地，指敌人的优势所在或薄弱致命的环节。

④角之而知有余不足之处：通过试探性进攻可以探明敌方兵力布置的强弱多寡。

⑤故形兵之极，至于无形：形兵，指部署过程中的伪装佯动。句意为我方示形佯动臻于完善，则形迹俱无。

⑥深间不能窥，智者不能谋：间，间谍。深间，指隐藏极深的间

谍。窥，刺探、窥视。示形佯动达到最高境界，则敌方隐藏极深的间谍也无从摸测底细，聪明的敌人也束手无策。

⑦因形而错胜于众：因，由、通过、依靠。因形，根据敌情而灵活应变。错，同"措"，放置、安置。

⑧人皆知我所以胜之形：形，形态，此处指作战的方式方法。人们只见到我克敌制胜的方法。

⑨而莫知吾所以制胜之形：制胜之形，取胜的奥妙、规律。众人无从得悉如何克敌制胜的内在奥妙与规律。

⑩故其战胜不复：复，重复。取胜的方法不重复，指作战方法随机制宜，灵活机动，不拘一格。

⑪应形于无穷：应，适应。形，形状、形态，此处特指敌情。

译文

通过仔细分析可以判断敌人作战计划的优劣得失，通过挑动敌人可以了解敌方的活动规律，通过"示形"可以弄清地形是否对敌有利，通过试探性进攻可以探明敌方兵力布置的强弱多寡。所以，示形诱敌的方法运用得极其巧妙时，一点破绽也没有。到这种境地，即使隐藏再深的间谍也不能探明我方的虚实，智慧高超的敌手也想不出对付我方的办法。根据敌情采取制胜的策略，即使摆在众人面前，众人也理解不了。人们都知道我克敌制胜的方法，却不能知道我是怎样运用这些方法制胜的。所以战胜敌人的战略战术每次都是不一样的，应适应敌情灵活运用。

▥ 兵法智慧

"故其战胜不复，而应形于无穷。"意思是说我克敌制胜的方法是不重复的，应适应敌情灵活运用。需要注意的是这里的"不重复"不仅是指对自己曾经取得过胜利的战略战术不重复，同时别人成功的案例我们也不能完全复制，这是因为每一次的战役都不可能一模一样。即使整个战局有相似之处，细节也不一定相同，如果把握不好，就会失败。

在历史上著名的以少胜多的井陉之战中，韩信采用奇兵突袭、背水而战等策略大败赵军，创造了用兵史上的神话。这是韩信结合实际情况巧妙运用兵法的结果，后来不少人效仿他，却并没有像他一样在对战中获得胜利，反而酿成了不少悲剧。

三国时期的徐晃照搬兵法，背水列阵，非但没有因此激发出士气取得胜利，反而使自己退无可退，大败而归。

赵云用空营计哄退并击败曹军以后，曹操恼羞成怒，他不甘心自己的失败，便命令徐晃为先锋、王平为副将，带兵至汉水与蜀军决战。

当徐晃、王平领军来到汉水岸边，徐晃命令前军渡水列阵。王平劝阻道："军若渡水，倘要急退，如之奈何？"徐晃说："昔韩信背水为阵，所谓置之死地而后生也。"王平坚决反对这种做法："昔者韩信料敌无谋而用此计，今将军能料赵云、黄忠之意否？"

徐晃固执己见，吩咐王平领步军拒敌，他自己引马领军进攻。于是，魏军搭起了浮桥，渡过汉水迎战蜀军。徐晃背水列阵后，从早晨就开始挑战，直到黄昏，蜀军一直按兵不动。待到魏军人马疲乏，正要向回撤退之时，黄忠、赵云突然从两侧杀出，左右夹攻。魏军大败，兵士纷纷被逼入汉水，死亡无数。

井陉之战因奇妙运用兵法被后世研究者神化，但后世中许多人却被表面的阵法所迷惑，只注重背水一战中置之于死地而后生的奇特。

首先，韩信知己知彼，能够熟知对方的情况而布下应对策略。其次，韩信并不仅仅背水一战，他还安排了奇兵突袭敌军空虚的大营。所以，在战争中不是能够运用一个之前成功的理论谋略就能取胜的，关键是要把握战争的节奏，深入了解敌我双方的情况。根据敌情灵活采取策略。

在生活或职场中别人的经验之谈可以拿来借鉴，但是不能单纯地去模仿，必须要有自己的创新，才能有出路，才能走得更高更远。

■ 原文

夫兵形象水①，水之形，避高而趋下②，兵之形，避实而击虚③。水因地而制流，兵因敌而制胜④。故兵无常势，水无常形⑤，能因敌变化而取胜者，谓之神⑥。故五行无常胜⑦，四时无常位⑧，日有短长，月有死生⑨。

注释

①兵形象水：兵形，用兵打仗的方式方法，也可以理解为用兵的一般规律。用兵的规律如同水的运动规律一样。

②水之形，避高而趋下：水之形，水的活动形态。此句言水的活动趋向是避开高处流向低洼之地。

③兵之形，避实而击虚：用兵的原则是避开敌人坚实之处，攻击其空虚薄弱且又关键的地方。

④水因地而制流，兵因敌而制胜：制，制约、决定。制胜，制服敌人以取胜。此句意为水之流向受地形高低不同的制约，作战中的取胜方法则依据敌情不同来决定。

⑤兵无常势，水无常形：势，态势。形，一成不变的形态。此句言用兵打仗无固定刻板的态势或模式，犹如流水一样，并无一成不变的形态。

⑥能因敌变化而取胜者，谓之神：意为若能依据敌情变化而灵活处置以取胜，则可视之为用兵如神。

⑦五行无常胜：意为金、木、水、火、土"五行"相生相克无定数。

⑧四时无常位：四时，指春、夏、秋、冬四季。常位，固定不变的位置。言春、夏、秋、冬四季推移变换永无止息。

⑨日有短长，月有死生：日，白昼。死生，月亮循环往复之"生霸"和"死霸"，通指月亮运转时盈亏晦明之变化。意为白昼因季节变化而有长有短，月亮因循环往复而有盈亏晦望。

译文

用兵的一般规律就像水一样，水流动时是避开高处流向低处，用兵取胜的关键是避开设防严密、实力强大的敌人而攻击其薄弱的环节。水根据地势来决定流向，军队根据敌情来采取制胜的方略。所以用兵作战没有一成不变的态势，正如流水没有固定的形状和去向。能够根据敌情的变化而取胜的，就叫作用兵如神。金、木、水、火、土这五行相生相克，没有哪一个常胜。四季相继相代，没有哪一个固定不移，白天的时间有长有短，月亮有圆也有缺。

■ 兵法智慧

孙子借用"五行无常胜，四时无常位"这个比喻告诉我们，在战争中没有什么是一成不变的，敌我双方无论是主观还是客观的形态都在不停地发生变化，能够根据敌情的变化而变化，直至取得胜利，才叫作用兵如神。

西汉时期，北方的匈奴逐渐强大，不断骚扰汉朝的边境，被人称为飞将军的李广是当时的上郡太守，经常阻击匈奴的侵犯，威名在外。

有一次，皇帝派遣的宦官到上郡办完差后，看边境美景诱人，忍不住带着两个人去打猎，兴致正浓的时候，遭到了三个匈奴兵的袭击。宦官受了伤，狼狈地逃回大营。在自己的管辖之下，皇帝的人居然遭了伏击，李广大怒，随即带了一百名骑兵追了上去，一直追了几十里地，才看见这三个匈奴士兵，李广杀了两名，活捉了一名，正准备返回大营，突然发现有数千名匈奴骑兵正向这边开来。匈奴兵也发现了李广，但不知道是什么情况，所以暂时还没有妄动。

李广带来的士兵们非常恐慌。李广沉着地对士兵们说："现在我们只有百余人，离大营有几十里地，如果现在我们上马逃回大营，一定会遭到追击。如果我们表现得镇定自如，敌人就不敢贸然来犯，现在没有退路，往前进。"于是李广带领着这队骑兵继续向敌人的方向进发，约距匈奴军二里地的地方停下来，士兵们都放下武器，卸下盔甲，躺在草地上看马儿吃草。匈奴兵一看，觉得蹊跷，认为可能有大部队在后面伏击，就派了一个士兵偷偷前来查看，被李广看到，一箭射杀。敌人看到这个阵势，更不敢上前。等到天黑以后，李广的兵马仍然没有动静，匈奴军队看到李广一副胸有成竹的架势，断定周围一定有大队的伏军，于是就慌慌张张地逃走了。

李广和他的百余骑兵有惊无险地回到了汉军大营。

李广将军在毫无防备的情况下，带领的小队人马与数千名敌军狭路相逢，如果正面发生冲突，必败无疑，此时能够自保就是最大的胜利。如果仓皇逃窜，后果不堪设想，李广随机应变，以松懈的姿态迷惑敌军，使匈奴兵不敢贸然行动，最后顺利地全身而退。

这次行动中没有过人的胆识是办不到的，李广在遭遇突发情况后能顺势用兵，无招胜有招，保全了自身，可以称得上用兵如神。

第七篇

军争篇 ❦

曹操曰：两军争胜。善者则以利，不善者则以危。

题解 —

两军交战，力争主动，避免被动，这是取得战争胜利的一个重要因素，但争取主动权也是非常不易的，这也是每个战争指挥者十分关心的问题。

孙子曰："军争为利，军争为危。"战争往往不只是军事实力的较量，还有谋略和战术的较量。军争之巧妙在于"以迂为直，以患为利"，以此为原则论用兵之法——"以迂为直""以诈立，以利动""三军可夺气，将军可夺心"，据兵法而相敌用兵。

第七篇　军争篇

—— 原文

孙子曰：凡用兵之法：将受命于君，合军聚众，交和而舍^①，莫难
于军争。军争之难者，以迂为直^②，以患为利^③。故迂其途，而诱之以
利，后人发，先人至^④，此知迂直之计者也。

注释

①交和而舍：和，指和门，即军门。舍，驻扎。意为两军对垒。
②以迂为直：变迂曲为近直。
③以患为利：化患害为有利。
④后人发，先人至：比敌人晚出发，先到达。

译文

孙子说：用兵的原则是将领接受君命，从召集军队、安营扎寨到
开赴战场与敌对峙，没有比率先争得制胜的条件更难的事了。"军争"
中最困难的地方就在于以迂回进军的方式实现更快到达预定战场的目
的，把看似不利的条件变为有利的条件。所以，由于我迂回前进，又

对敌诱之以利，使敌不知我意欲何去，因而出发虽后，却能先于敌人
到达战地。能这么做就是知道迂直之计的人。

■ 兵法智慧

《孙子兵法》提倡快速、高效，但是"快"不代表激进，而是要快
中求稳，稳中求胜。在这里，孙子讲了勇猛进攻，还讲到了另一种形
式的战术，即在"迂中求直，变患为利"。

如果说先发制人是制胜的关键，那么抢先占领有利的形势就是重
中之重。但战事中变数很多，如果你处于不利的情况下，又怎样能比
别人快呢？孙子在这里阐述了这个问题，"故迂其途而诱之以利，后人
发，先人至，此知迂直之计者也"。即我军迂回前进，用各种手段诱惑
敌人，使敌人搞不清楚我军的真正意图和行军的方向。这样出发时可
能落在了敌人的后边，但是却能先一步到达目的地。如果领兵者能熟
练地这么做，那么就是真正了解迂直之计了。

北宋名将曹玮在镇守边关的时候，经常和吐蕃人交战。有一次，
他带领的宋军又和吐蕃军队打了起来。吐蕃人不是对手，被曹玮打败，
丢盔弃甲地逃跑了。

曹玮怕是诈败，观察了一下，发现敌军确实已经逃远了，就命士
兵驱赶着缴获的一群牛羊往回走。羊群拖拖拉拉，走得很慢，不知不
觉中和大部队拉开了距离。于是就有一个部下很担忧地说："牛羊对
我们来说没有多大的用处，而且耽误我们行军的速度，不如舍弃它们，
整顿好队伍赶紧回去吧。"曹玮听后不动声色，只是不断地派人侦察敌

军的动态。

吐蕃军队狼狈地跑出了几十里，领兵的听说曹玮舍不得那群牛羊，以致队伍散乱，便认为这是一个战胜曹玮的好机会，就命士兵们掉头行军，一路奔袭，准备袭击。曹玮听到这个情况后，就更加缓慢地行军。到了一个十分有利于作战的地形处，曹玮命令队伍停下来，列阵等待敌军。吐蕃军很快就到了附近。曹玮的使者对吐蕃将领说："你们的军队大老远地奔袭过来，一定很疲惫。我们宋军是正义的军队，不想乘人之危，就让你们休息一下，等一会儿我们再决一死战吧。"吐蕃军队正疲惫不堪，听到消息非常高兴。吐蕃将领就让自己的军队休息了好一会儿。曹玮随后派人对敌军说："那我们就开战吧。"于是双方擂响战鼓，战士们奋勇厮杀。吐蕃军队被打得落花流水，曹玮大胜，这次他丢弃了牛羊，没有再带回去。

回去之后，曹玮才对他的部下说："我知道敌军已经疲惫不堪了，我驱赶牛羊是为了让他们以为我贪图小便宜，引诱他们上当，让他们再次追来。但是如果我马上和他们交战，他们会裹挟着一股刚刚奔袭而来的锐气，拼死厮杀，这样一来胜负就难说了。走得久的人如果休息一下，脚就会麻痹，站立不稳，锐气也会损失殆尽。我们趁这个机会攻打他，一定能够取得胜利。"

曹玮在打败敌军之后没有采取乘胜追击的办法，而是诱惑敌军调转回头。在敌军折返回来的时候，曹玮又利用远行之人小憩脚痹的特点，避开了敌军的锐气，为自己的胜利赢得了有利战机。而敌军一步步走向失败的圈套，还以为得了利益而沾沾自喜。曹玮成功运用了诱敌以利、迂中取直的方法，取得了胜利。

走了弯路，却先一步取得成功，把看似不利于自己的处境，变成了事业腾飞的垫脚石。在现代商战中，许多商家也成功运用了迂回战术，抢占了商机，赢得了市场。

在现实生活中，面对突如其来的挫折，或者屡战屡败的时候，只要我们不气馁，调整思路，以迂为直，奋勇前进，以患为利，也一定能走出困境，打开一片新天地。

■ 原文

故军争为利，军争为危①。举军而争利，则不及；委军②而争利，则辎重捐③。是故卷甲④而趋，日夜不处，倍道兼行，百里而争利，则擒三军将⑤，劲者先，疲者后⑥，其法十一而至⑦。五十里而争利，则蹶上将军⑧，其法半至。三十里而争利，则三分之二至。是故军无辎重则亡，无粮食则亡，无委积⑨则亡。

注释

①故军争为利，军争为危：为，有。全句的意思是军争有利亦有险。

②委军：丢弃军队的物资装备。

③捐：损失。

④卷甲：即披着甲。

⑤则擒三军将：结果上中下三军将领均为敌俘。

⑥疲者后：疲弱者掉队。

⑦十一而至：只有十分之一的士卒能到达。

⑧蹶上将军：先行将领会受挫。

⑨委积：物资储备。

译文

"军争"为了有利，但"军争"也有危险。带着全部辎重去争利，就会影响行军速度，不能先于敌方到达战地；丢下辎重轻装去争利，辎重就会损失。披着铠甲急进，白天黑夜不休息地急行军，奔跑百里去争利，则三军的将领有可能会被俘获。健壮的士兵能够先到战场，疲惫的士兵必然落后，只有十分之一的人马如期到达。强行军五十里去争利，先行部队的主将必然受挫，而军士一般仅有一半如期到达。强行军三十里去争利，一般只有三分之二的人马如期到达。部队没有辎重就不能生存，没有粮食供应就不能生存，没有战备物资储备就无以生存。

兵法智慧

唯物主义认为，任何事情都具有两面性，既有危害性的一面，也有有利的一面，"危"和"利"贯穿于整个事物发展的过程，是辩证统一的。战争也是一样，有有利的一面，也有有危害性的一面，因此将帅在两军对峙、相互制约时，必须有效分析双方情况，敌我双方的"利"和"危"两面都要分析，也就是"知己知彼"。当对"利"和"危"

都做了相应分析之后，就要想方设法让两者相互转化，目的在于各种战术都对我方有利，减少和避开危害。这样辩证统一的分析解决问题才是客观而科学的。

现实生活中，我们也应该处理好生活物资，进一步说就是要正确看待物质生活。如果对物质生活过于看重，就无异于带着沉重的包袱上路，结果必然会拖累前进的脚步；而如果一味不契合实际地清高，连基本的生活都保证不了，那么也终将成为一个失败的人。

孔子有三千弟子，其中七十二人取得了成就，在当时和后世都比较有名气。而其中有一个叫颜回的弟子，是孔子最得意的门生。

颜回的一举一动都让孔子觉得很符合心意，孔子常常以他的品行作为教育其他学生的标尺。有一次，孔子对学生们说："贤哉，回也！一箪食，一瓢饮，在陋巷，人不堪其忧，回也不改其乐。贤哉，回也！"

意思是说：颜回，真贤者啊！他住在荒僻的巷道里，过着极其艰苦的生活。他乘饭用的器皿是竹子做的箪，舀水用的器具是木头做的瓢。这要是落在别人头上，定是不堪忍受的了，但是颜回始终感到满足、快乐。颜回确实是个十分贤德的人啊！由此可见，对于颜回的做法，孔子是非常赞赏的。

颜回是孔子的得意门生，在当时也有一定的名声。但是他能够箪食瓢饮，身居陋巷而不堪忧，这是大儒的表现。

纵观中国历史，有多少皇帝是因为骄奢淫逸、大兴土木而亡了国。

　　秦始皇为了享受，建造阿房宫，搜刮民财，妄用民力。人民怨声载道，以致忍无可忍，最后揭竿而起，推翻了秦朝的暴政。当了没几天皇帝的隋炀帝更是过分，为了享乐，先后多次下令南巡。冬季时，河里都结了冰，他就命人把豪华的大船拖着走，从京城一路拖到江南。他还命沿途的百姓用绸缎裹树，还得做好饭菜在岸上捧着等他。为享乐他置国事于不顾，一路劳民伤财。李渊父子救民于水火，起兵反隋，建立了唐朝。

　　李世民是一位明君，他吸取前朝教训，勤政爱民，而且善于听取大臣的意见。从而未积民怨，使国家出现了繁荣昌盛的盛世，李世民也作为历史明君为世人称道。

　　物质是为人的幸福生活服务的，我们切勿本末倒置，成了物质和金钱的奴隶。更不能为了追求它们而荒废自己宝贵的时间，伤害身边的人。

■ 原文

　　故不知诸侯之谋者，不能豫交①；不知山林、险阻、沮泽②之形者，不能行军；不用乡导③者，不能得地利。故兵以诈立④，以利动，以分合为变者也。故其疾如风，其徐如林，侵掠如火，不动如山，难知如阴⑤，动如雷震，掠乡分众⑥，廓地分利⑦，悬权⑧而动。先知迂直之计者胜，此军争之法也。

注释

①豫交：结交。

②沮（jǔ）泽：水草丛生的沼泽地带。

③乡导：向导。

④以诈立：以诈取胜。

⑤难知如阴：荫蔽难测。

⑥掠乡分众：分兵掠夺城邑。

⑦廓地分利：开拓疆土，分守利害。

⑧悬权：秤锤悬秤杆上，在此指衡量。

译文

不了解诸侯各国的图谋，就不要和他们结成联盟；不知道山林、险阻和沼泽的地形分布，就不能行军；不使用向导，就不能掌握和利用有利的地形。所以，用兵是凭借施诡诈出奇兵而获胜的，根据是否有利于获胜决定行动，根据双方情势或分兵或集中为主要变化。按照战场形势的需要，部队行动迅速时，如狂风飞旋；行进从容时，如森林徐徐展开；攻城略地时，如烈火迅猛；驻守防御时，如大山岿然；军情隐蔽时，如乌云蔽日；大军出动时，如雷霆万钧。夺取敌方的财物，掳掠百姓，应分兵行动。开拓疆土，分夺利益，应该分兵扼守要害。这些都应该权衡利弊，根据实际情况，相机行事。率先知道迂直之计的将获胜，这就是军争的原则。

兵法智慧

"利"是一切斗争的核心，并且以此作为行动的导向，一切行动依照核心目标行进。孙子关于用兵作战一直都是以功利的心态去理解和谋略的，突出了功利大小对从事军事的制约作用，认为战争发动与中止都以"功利"为出发点。而兵诈也是为了"利"，具体操作方法是做到审时度势，权衡利弊，伺机而动，经过全面的思考后实施战略和计谋，做到避害就利，把握战场先机。正所谓，"迂直之计者胜，此军争之法。"

西夏天仪治平元年（宋元祐二年，1087 年）四月，西夏与宋划分疆界发生了争议，决定发兵攻宋。五月的时候，西夏国准备了厚礼送给吐蕃，请吐蕃的首领阿里骨出兵援助，并承诺攻占的宋地分给吐蕃。阿里骨欣然答应前往，并率先带兵袭击了洮州。梁乙逋率数万西夏军出河州，两军会合，一起围攻了南川寨（今甘肃东乡族自治县西南），两国的军队接连打了八个月都没有攻下。

大宋诏洮西守将刘舜卿、王光祖、王赡、姚兕、种谊等率军救援，寨中军民士气大振，奋力抗击。梁乙逋等人看到长时间的攻击都没有什么成效，就带领大军向东挺进，转而攻击定西城。他先设下埋伏，然后使用计谋引诱宋军出战。宋军中计，被梁乙逋击败。七月，梁乙逋再次进攻泾原，遣大首领觅名阿吴入青唐（今甘肃西宁），并约吐蕃阿里骨联兵攻宋。八月，梁乙逋集中十二监军司兵屯聚天都山（今宁夏海原），直逼兰州。阿里骨发兵十五万围河州，鬼章引兵两万进驻常家山（今甘肃临洮西南）大城洮州，自率军五万，约会于熙州东王家平。

梁乙逋造造浮桥以通兵路。

宋军器监游师雄见西夏、吐蕃军势盛，建议知州刘舜卿乘西夏、吐蕃军劳师远来、立足未稳，先发制人。刘舜卿遂命都部署姚兕、知洮州种谊分兵两路，沿洮水急进。姚兕于洮水西侧，破吐蕃六逋宗城（今在甘肃临洮西南），击杀一千五百余众，乘胜转攻讲朱城（今甘肃夏河东北），遣兵自间道北上，焚黄河浮桥，截断鬼章救援通路，使青唐吐蕃十万大军不能渡河。种谊部沿洮河东侧南下，出哥龙谷（今甘肃岷县东北境），迎击通远吐蕃兵，断其与洮州的联系。宋主力连夜抢渡洮水，兵临洮州城下，乘鬼章不备，一举破城。擒鬼章青宜结及西蕃首领五人，杀吐蕃军数千，获牛、羊、器械、粮草万计，余众弃城溃逃，渡洮水时又溺死数千。梁乙逋见西蕃军失利，引兵退还。

宋军运用迂直之计，根据敌军的实际情况分析出西夏和吐蕃的军队虽然强大，但是各自分散、互不照应的特点，迅速出兵，趁敌人还没有列好阵，猛然出击，各个击破，打了一个大胜仗。

▬ 原文

《军政》[①]曰："言不相闻，故为之金鼓；视不相见，故为旌旗。夫金鼓旌旗者，所以一人[②]之耳目也；人既专一，则勇者不得独进，怯者不得独退，此用众[③]之法也。故夜战多火鼓，昼战多旌旗，所以变人之耳目也。"

注释

①《军政》：古代兵书。

②一人：统一士卒。

③用众：指挥众多军队。

译文

《军政》上说："在战场上用语言来指挥，听不清或听不见，所以设置了金鼓；用动作来指挥，看不清或看不见，所以用旌旗。金鼓、旌旗是用来统一士兵的视听和统一作战行动的。既然士兵都服从统一指挥，那么勇敢的将士不会单独前进，胆怯的也不会独自退却。这就是指挥大军作战的方法。所以，夜间作战，要多处点火，频频击鼓；白天打仗要多处设置旌旗。这些是用来扰乱敌方视听的。"

■ 兵法智慧

《孙子兵法》在这里阐述的是战鼓和旌旗的作用。"夜战多火鼓，昼战多旌旗。"在古代战场上，战鼓鸣代表着将士们正在发动进攻，战事正酣。战士们除了舍命向前冲，还要看大旗的指挥，或退或进，或直面冲杀，或侧面包抄。战鼓和旌旗是战场上不可缺少的指挥语言。

由此可见，在战争中，战鼓和旌旗的指挥作用，对于一场战争的胜利来说至关重要。

南宋建炎三年（1129 年），金军再次大举南侵，两路人马直逼南宋都城临安。宋高宗赵构急走越州，接着又沿海直下，在温州的江心寺避难，听任金兵一路烧杀抢掠，攻破江南各州郡。韩世忠和夫人梁红玉镇守京口（今江苏镇江）。兀术在江南饱掠北归，直奔京口。而此时韩世忠手下只有八千疲兵，金兵有数十万之众。韩世忠带兵紧急出动，在京口的金山和焦山一带列兵迎敌。敌众我寡，韩世忠苦思退敌之策。

这时夫人梁红玉献计道："现在的形势是敌众我寡，如果正面奋力战斗是很难取胜的。不如把军队分为两队人马，我带领中军负责守备，查看敌情。一旦敌人来犯，就用枪炮矢石射杀他们，兀术必定带着人马左右突击，你带领人马负责截杀。截杀时看中军的旗号行事，我坐在船楼上面，击鼓挥旗，我的旗往东，即往东杀去，我的旗往西，即向西杀去。如果能一举歼灭兀术大军，那就是特大的胜利。"韩世忠一听果然好计策，便着手准备。

第二天金兵果然重兵来犯，梁红玉命令中军远炮近射，但不许出声，只许哑战。兀术看宋营没有动静正自纳罕，忽听得一声炮响，万箭齐发，又有大炮轰来。梁红玉坐在战船上指挥军队，一会儿排成一字，一会儿排成人字，进也快，退也快，把兀术的战船打得落花流水，兀术慌忙从斜刺里往北插来。梁红玉在高桅上看得清清楚楚，即刻敲响战鼓，如雷鸣一般，并且在号旗上挂起了灯球，指示金兵的走向。韩世忠和其他两位统领带领军队，看着号旗，听着鼓声，三面夹击金兵。金兵死伤无数，兀术狼狈地四处奔逃，一头扎进了黄天荡，梁红玉见到兀术带兵进了黄天荡，心中大喜，把战鼓敲得不绝声响。黄天

荡看似开阔，实际是一条死路，兀术上天无路，下地无门，只得重金
征求出路。有贪利的当地人便指点他挖开日久淤塞、已废弃的老鹳河
故道，兀术指挥军队一夜开出一条三十多里的水道，接通秦淮河，准
备再扑建康。想不到刚出老鹳河，在牛头山遇到岳家军，又像被赶的
鸭子一样退入黄天荡，原指望韩世忠守不住了带兵离去，不想等兀术
来到荡口，只见韩世忠的战船一字排列在荡口，几番冲杀，岿然不动。
宋军士气大振，越战越勇猛，一直把兀术围困在芦荡里七七四十九天，
差一点儿把他生擒活捉了。

在这场以少胜多的战役中，著名的巾帼英雄梁红玉用战鼓和号旗
为标志，明确标示出敌军的动向，与韩世忠夫唱妇随，大败金兵，使
金兵逃走之后不敢再犯。韩世忠和梁红玉在朝中和金兵中都声名大振。
在战场中击鼓不是一件容易的事，一般敌兵都会首先射杀击鼓挥旗帜
的人，以乱军阵和军心。梁红玉能够在枪林箭雨中擂响战鼓指挥战船，
而且镇定自若，不愧于巾帼英雄的称号。

战鼓和旌旗在战场上是战士们眼睛追寻的目标，也是他们的精神
支柱。正是有了这颗定心丸和风向标，他们才能所向披靡，奋勇冲杀。
在生活中，我们也应该擂响人生的战鼓，举起前进的大旗，为自己定
下切实可行的奋斗目标。当然，我们在为自己制订目标时，不要好高
骛远，不要想着一蹴而就，切实可行的、符合自己实际的目标才是明
智的选择。

▬▬ 原文

　　故三军可夺气①，将军可夺心②。是故朝气锐，昼气惰，暮气归。故善用兵者，避其锐气，击其惰归，此治气者也。以治待乱，以静待哗，此治心者也；以近待远，以佚待劳，以饱待饥，此治力③者也。无邀④正正之旗，勿击堂堂之陈⑤，此治变⑥者也。

注释

①夺气：挫败锐气。

②将军可夺心：动摇敌将之心。

③治力：掌握军力之要领。

④邀：迎击。

⑤陈：同"阵"。

⑥治变：掌握因敌而变的灵活战术。

译文

　　对于敌方三军，可以挫伤其锐气，可使其丧失士气，对于敌方的将帅，可以动摇他的决心，可使其丧失斗志。所以，敌人早朝初至，其气必盛；陈兵至中午，则人力困倦而气亦怠惰；待至日暮，人心思归，其气益衰。善于用兵的人，敌之气锐则避之，趁其士气衰竭时才发起猛攻。这就是正确运用士气的原则。用治理严整的我军来对付军政混乱的敌军，用军心平稳的我军来对付军心躁动的敌人。这是掌握并运用军心的方法。以就近进入战场的我军而待长途奔袭之敌，以从容稳定的我军对仓促疲劳之敌，以我饱食之师对饥饿之敌，这是懂得并利用治己之力以困敌人之力。不要去迎击旗帜整齐、队伍统一的军队，不要去攻击阵容整肃、士气饱满的军队，这是懂得战场上的随机应变。

■ 兵法智慧

士气和军心最能体现一支军队的治理情况。而一支军队的士气和军心如何，也能从军队的外在面貌体现出来。在作战的过程中怎样把握和利用敌我双方的士气和军心取得胜利，也是一项在战争中值得研究的规律。

孙子说："三军可夺气，将军可夺心。"意思是说在和敌方交战的时候，可以挫伤敌方三军的锐气，使其丧失士气。对于对方的将领，可以动摇他的决心，使他丧失斗志。

其实三军士气可以说成是上下一心、同仇敌忾、不惜生死、奋勇向前的信心，而将军之心也可概括成保家卫国、克敌制胜的决心。而夺士气和夺将心概括起来说就是"攻心"，是《孙子兵法》中的一种心理战术。

《左传·曹刿论战》中，曹刿利用了士兵们的士气，在敌国齐军三次击鼓后，下令进攻，一鼓作气打败敌军。他曾总结说："夫战，一鼓作气，再而衰，三而竭。彼竭我盈，故克之。"这就道出了士气的重要性。

楚汉相争的时候，刘邦利用四面楚歌瓦解了骁勇善战、霸气十足的项羽军的士气，使对手项羽铩羽而归，因无颜见江东父老而自刎于乌江边。从此没有一人有和刘邦争天下的实力，刘邦稳得了江山。

上面故事中的两个将领都是运用了心理战术，瓦解了对方士兵的士气，最终获得胜利。俗话说，擒贼先擒王，在收复一支军队的时候，要让军队的主心骨即将领们心悦诚服才是真正意义上的征服。

刘备临阵托孤，诸葛亮为了蜀汉的统一大业，决定北伐。正在此时，受曹魏挑唆，南蛮孟获不时侵扰边境。为了巩固后方，诸葛亮决定统兵南征。但是南蛮人个个骁勇善战，加之距离遥远，蜀汉对他们的统治力度鞭长莫及。诸葛亮与马谡商量此事时，马谡道："夫用兵之道：攻心为上，攻城为下；心战为上，兵战为下。愿丞相但服其心足矣。"诸葛亮叹道："幼常足知吾肺腑也！"

于是诸葛亮亲率大军南征，便有了七擒七纵孟获的故事。

虽然说孟获熟读兵法，但远远不是足智多谋的诸葛亮的对手，在第一次交战中，诸葛亮用正面迎敌、同时两队骑兵夹击的战术就擒住了孟获，但是孟获不服气，认为胜败乃兵家常事，算不得什么。于是诸葛亮放了孟获。

之后，诸葛亮故意找来孟获的副将说，孟获把战败的原因都归罪在了他的头上。副将当然十分不悦，连说冤枉。于是诸葛亮故意放走了副将。副将回去后怀恨在心。一天,他把孟获请进自己的帐中,趁孟获不防备,把孟获绑了,送到了汉军的大营。孟获仍然不服,认为是手下人背叛了他。于是诸葛亮又一次放了他。

孟获回到大营后不久,有一天,孟获的弟弟突然来到汉军大营,说是投降汉军。诸葛亮一眼就识破了他是诈降,于是就命人设酒宴款待南蛮的士兵,并在酒里下了药。南蛮的士兵们都昏睡过去,孟获按照订好的计划来攻营,又被擒获了。这一次孟获还是不服,他认为是弟弟贪杯误了事。诸葛亮又一次放了他。

经过这些事之后,孟获再也不敢鲁莽行事,他只守不攻。但是诸葛亮却叫人造木筏假装攻击,以引诱孟获,孟获上当,被击败逃走的时候,看到诸葛亮独自一人坐在战车上,就上前捉拿,却掉进了陷阱里,又一次被生擒活捉了。诸葛亮知道孟获还是心有不服,就主动放了他。

孟获躲入秃龙洞求援,银冶洞洞主杨锋感激日前孔明不杀其族人之恩,在秃龙洞捉了孟获,送给诸葛亮。孟获当然不服,要再与诸葛亮决战,诸葛亮又放了他。孟获决一死战,他投奔了木鹿大王,这木鹿大王极尽异族之能事,有野兽作战,开始时诸葛亮败下阵来,历经波折才安全回到大营。回营后,诸葛亮造了比真兽还要大的巨兽,当再次交战时木鹿人十分害怕,不战自败。在擒了孟获之后,孟获虽然还是心有不甘,但是不好意思开口了,诸葛亮心知肚明,又放了他。之后孟获去投奔了乌戈国,乌戈国拥有一支英勇善战的藤甲兵,刀枪不入,诸葛亮早有准备,用火攻的办法大败乌戈国。

孟获第七次被擒,诸葛亮作势又要放了他,孟获跪下说:"七擒七

纵这样的事从古至今都没有过啊，我诚心归降，再也不谋反了。"诸
葛亮看到孟获诚心归顺，就委派他管理南蛮，并把缴获的东西都还
给了他们的族人。孟获和南蛮的人都感激不尽。从此，再也没有生
过事端。

在现代商战中，经营者们也会想尽办法，服务到消费者的心里去，
试图以最低廉的成本投入，占据市场竞争中最大的优势。无论是军队
作战，还是商界竞争，攻心战术都是强大的制胜法宝，但是攻心战术
不是那么容易就掌握的，既需要冷静的分析，又要深入了解对方的心
理动态。

■ 原文

故用兵之法：高陵勿向，背丘勿逆①，佯北勿从，锐卒勿攻，饵兵
勿食，归师勿遏，围师必阙②，穷寇勿迫。此用兵之法也。

注释

①背丘勿逆：敌人背倚丘陵，不宜逆攻之。

②围师必阙：围敌三面，留一缺口，使有生路而不死战，此乃攻
心之术。

译文

所以，用兵的原则是：对占据高地、背倚丘陵之敌，不要作正面仰攻；对于假装败逃之敌，不要跟踪追击；敌人的精锐部队不要强攻；敌人的诱饵之兵，不要贪食；对正在向本土撤退的部队不要去阻截；对被包围的敌军，要预留缺口；对于陷入绝境的敌人，不要过分逼迫。这些都是用兵的基本原则。

兵法智慧

在和敌人作战的过程中，不要把自己置于绝望的境地，同时也不要把已经陷入绝境的敌人逼得太紧。《孙子兵法》通篇都是在传授怎样才能尽快地取得全面胜利，但是在必胜的情况下要记得，适当地放敌人一条生路，即所说的"穷寇勿迫"。

公元前274年，燕昭王拜乐毅为上将，乘齐军连年征战、疲惫不堪之机，联合赵、楚、韩、魏四国伐齐，齐国的湣王因将军触子畏惧不前，派人斥责触子，又以不战即斩首并掘其祖坟相逼，致使齐军将士离心，军中恐惧。乐毅指挥联军猛攻，齐军一触即溃。触子逃亡，齐残兵被迫退守齐都临淄（今山东淄博临淄北）近处的秦周（今山东淄博雍门西）。

齐湣王逃入莒城。随后乐毅又率燕军单独深入齐地，攻占临淄。乐毅入临淄后，将齐国的珠玉财宝和贵重祭器全部运回，经过五年巡战，取齐七十余城，齐地仅剩莒城与即墨，然而就是这两个当时并非很大的城市成了乐毅伐齐的终点，乐毅终未能攻下两城，尽取齐地。

燕昭王死后，其子惠王即位，听信谗言，中齐将田单反间计，派骑劫代替乐毅为将。田单用火牛阵击破围攻即墨的燕军主力，随即将燕军逐出齐境，七十余城复归于齐。

在这场燕攻齐的战役中，燕国在进攻最后两座城池时失利。在齐国就要灭亡的时刻，所剩城池中的军民同仇敌忾，上下一心地作战，是齐国能起死回生的重要原因，再加上田单的军事才华，绝地反击成功，造就了中国战争史上的神话。如果当时乐毅退兵，不再围困齐国最后的城池，他的结局一定比最后被夺兵权好得多。所以说穷寇勿迫，否则会激起没有希望的军队拼死最后一搏。

公元 203 年，历经官渡之战后大败而归的袁绍病逝，但是他还有两个儿子，曹操乘胜追击，力图继续进攻，一举拿下袁氏家族。曹军诸将都想乘胜攻破二袁，而在此时曹操的第一谋士郭嘉却力排众议，向曹操建议退兵。

他分析道："袁氏两兄弟之间素有矛盾，袁谭虽是袁绍的长子，但袁绍更喜欢袁尚。袁绍一直为传位给哪个儿子摇摆不定，以至于在最后时刻不得不做决定的时候，最终传给了三子袁尚。长子袁谭对此一直心存不满，在伺机而动。如果我们此时穷追猛打，不留活路，在紧急形势下，他们会被迫联合抗击，如果暂缓用兵，他们一定会爆发内讧。"

郭嘉建议曹操改变策略，向南做出佯攻刘表之势，静观其变。果然，曹军刚回到许昌，袁军内部就发生了兵变。曹操迅速挥军北上，采取逐个击破的计策，分别围攻袁谭、袁尚，二袁一死一逃。

曹操没有在形势非常有利的情况下追击已经兵败的袁氏家族，而是暂缓逼迫之势，让他们自行溃败。郭嘉的"穷寇勿追，静待自残"也给后人留下了深远的影响。

在生活中，我们也要具有宽大的胸怀，得饶人处且饶人。在与自己的对手或曾经伤害过自己的人狭路相逢时，留一条宽容之路。

正所谓，穷寇勿追，得饶人处且饶人。我们在做事情的时候把人逼到绝路上去，其结果很可能会伤到自己，所以对于别人的错处点到为止，不要穷追猛打，一定要对方求饶才罢休。

多一个朋友多一条路，多一个敌人多一堵墙，人是社会化的动物，不可能离开集体而生活，宽容的心态才能赢得宽松的生活环境。

第八篇

九变篇

曹操曰：变其正，得其所用

九也。

题解

　　战争形势变化无常，有"九变"之多。故孙武认为："故将通于九变之利者，知用兵矣。""九变"则地形"九种"而论之，将帅应根据"九变"而采取不同的作战方式。将之本领应"杂于利而务可信也，杂于害而患可解也""五危，不可不察也"。

　　如何灵活地运用和变换战术呢？孙武认为：一是权衡利弊，分别对待，根据实际情况决定战争行动，做到"涂有所不由，军有所不击，城有所不攻，地有所不争"；二是在不同的地形条件下活动，要采取不同的战术，巧妙地利用地形，以"得地之利"。孙武和曹操在论述灵活地变换战术的同时，还对将帅提出了严格的要求，考虑问题要全面，兼顾利与害两方面的条件（"智者之虑，必杂于利害"），既要勇敢无畏，又要富于智谋（"必死，可杀也；必生，可虏也"）。指出将帅对战争要做好两种准备，而把主要力量放在防备敌人发动战争上。同时，还要求将帅要克服自身性格上的弱点，要能通于"九变"，避免"五危"，否则就会"覆军杀将"。

第八篇　九变篇

━ 原文

孙子曰：凡用兵之法，将受命于君，合军聚合，圮地无舍①，衢地交合②，绝地无留，围地则谋③，死地则战。涂有所不由④，军有所不击，城有所不攻，地有所不争，君命有所不受。

注释

①圮（pǐ）地无舍：山林、险阻、沼泽难行之道，不可屯兵驻留。

②衢（qú）地交合：在四通八达之地，要广交诸侯以求互助合作。

③围地则谋：在四周险阻地带，要出奇谋，以免被袭。

④涂有所不由：涂，通"途"。由，通过。即有些道途不要通过。

译文

孙子说：用兵的原则是将领接受国君的命令，召集人马组建军队，在难于通行之地不要驻扎，在四通八达的交通要道要与四邻结交，在难以生存的地区不要停留，要赶快通过，在四周有险阻、容易被包围的地区要精心谋划，误入死地则须坚决作战。有的道路不要走，有些敌军不要攻，有些城池不要占，有些地域不要争，君主的某些命令也可以不接受。

▓ 兵法智慧

将帅是君主使命的执行者，用兵打仗在外，战场上的情况复杂多变，因此君主根本不可能对战场形势得到及时有效的信息，因此孙子主张，将帅在外领兵作战，根据战况具体分析，对于君主的一些不合乎战术要求的命令可以不听从。这就是从变化的角度出发，提倡军事将领用兵不能因循守旧，一成不变，要灵活机智地处理各种问题，凡事以大局为重，对无关紧要的或者对全局没有实际意义的命令，坚决不予以执行。

岳飞当年在接受了抗金的命令之后，带领所向无敌的岳家军进驻中原。以岳飞为首的岳家军，纪律严明，从不骚扰百姓，个个英勇，有着"守死不去"的战斗作风。岳飞亲率队伍讨伐金军，大破敌军引以为豪的"铁浮图""拐子马"。郾城大捷后，岳飞乘胜向朱仙镇进军（离金军大本营汴京仅四十五里），兀术集合了十万大军抵挡，被岳飞打得落花流水。岳家军一路向北收复失地，消灭了金军的主力部队，金军的军心动摇，曾有"撼山易，撼岳家军难"的哀叹。中原百姓民心大振，军民一体，抗金情绪高涨。

而就在抗金战争马上就取得辉煌胜利的时候，宋高宗赵构在朝中权臣秦桧的挑唆下连下十二道金牌，召岳飞班师回京。岳飞无不感慨地说："十年之功，废于一旦！所得诸郡，一朝全休！社稷江山，难以中兴！乾坤世界，无由再复！"班师之日，久久渴望"王师北定中原"的父老兄弟拦道恸哭。

岳飞是将在外却受了君命的遗憾反证，归到底是岳飞的忠孝观害了他。从此岳家军数年征战的辛苦付之东流，收复的失地拱手让人，中原的父老重陷于金兵铁蹄之下。岳飞在班师之日或许还存有幻想，也许在当面陈清利害后，朝廷会回心转意。但是等待他的是昏庸统治者的无耻猜忌和"莫须有"的罪名。

用中国千年的忠义文化去衡量兵飞，他是完美的，但是在军事家孙子的眼里，他的遭遇和选择却是一种遗憾。《孙子兵法》在本章中秉承这样一种精神：一个将领上承君命同时下承民生，一场战争的精髓在胜负。

孙子有一个同族的叔父，叫田穰苴，他本是陈国公子陈完的后代，却非嫡出，属于庶出的平民布衣，地位卑贱。虽然有过人的才华，而且有卓著的战功，但是因为低微的出身，所以一直没有得到重用。

齐景公继位之初，晋国和燕国犯齐，齐国大败，被敌军一路进攻，威胁到都城。齐景公忧心忡忡，整日为国事担忧。正当齐景公束手无策之时，晏婴向他推荐了田穰苴，晏婴说："田穰苴虽为田氏庶出，然其人文能服众，武能威敌，愿君试之。"齐景公听后大喜，赶紧从军中召来田穰苴，并和他谈论军国大事，之后任命他为大将，抵抗晋军和燕军。

田穰苴出身卑微，突然做了将军统领三军，恐难服众，于是他对齐景公说："由于我的出身不是贵族，今天国君把重任交给我，恐怕众人不服，请国君派一个参军给我，这样就能压住阵脚了。"

于是，齐景公就派了自己的宠臣庄贾做参军，一方面可以帮助田穰苴树立威信，另一方面也可以作为齐景公的耳目，随时报告军中的情况。在下朝之时，田穰苴和庄贾相约第二日日中会于军门，庄贾漫不经心地答应了。

到了第二天中午的时候，庄贾并没有如约而来，田穰苴却已经早早集合了士兵在等待着他。原来，庄贾认为自己贵为参军，早一点晚一点到没有关系，就没有把这件事放在心上，正好有一帮亲朋好友来送他，他设宴款待，直到傍晚的时候才醉醺醺地赶到。

田穰苴质问他为什么迟到，他醉眼蒙蒙地说："亲戚朋友们送行，我留下喝酒了。"

田穰苴大怒，道："将受命之日则忘其家，临军约束则忘其亲，援枹鼓之急则忘其身。今敌国入侵，邦内骚动，士卒暴露于境，君寝不安席，食不甘味，百姓之命皆悬于君，何谓相送乎？"说完，田穰苴向负责军法的军正问道："按军法，对迟到者该如何处置呢？"军正回答："当斩！"田穰苴立即喝令将庄贾推出斩首示众。

庄贾的下人知道庄贾性命难保，就赶紧通报了齐景公，让齐景公来救庄贾的命。等到使者来到的时候，庄贾已经被砍了头，并悬挂于杆上示众。使者传达了齐景公的命令，示意他把人头拿下。田穰苴威严正义地说道："将在外，君命有所不受。"使者还要啰唆，田穰苴又道："军中不得跑马，论令当斩，但是不能杀国君的使者，那就杀了马夫。"

三军见田穰苴纪律严明，个个心生畏服。

齐景公虽然舍不得庄贾，但是也佩服田穰苴的治兵之道。最后田穰苴大败敌军，抵御了他国的入侵，凯旋而归。

田穰苴在军中深知军纪的重要性，于是他不顾国君的颜面和命令杀了行为不当的人来立威，使上下敬服，有效地统治了三军，保证了战争的胜利。

由此可见，战争中的地势和形势都有着自己复杂微妙的实际情况，甚至有的时候，虽然已经完全具备了获胜的条件，但是为了长远的利益，需要放弃到手的果实。这时直接参与战事的将领们会有更直观的感受，但是君王不一定理解。那么这时将领们就可以暂时抛弃君王的命令，根据战事本身的需求去制订作战计划，一个真正有才干的将领是以战争的胜利为目的的，而不仅仅是迂腐地遵从君王的命令。

■ 原文

故将通于九变之地利者，知用兵矣；将不通九变之利者，虽知地形，不能得地之利矣。治兵不知九变之术，虽知五利①，不能得人之用矣。

注释

①五利：即上一章中的"涂有所不由，军有所不击，城有所不攻，

地有所不争，君命有所不受"。

译文

所以将帅精通"九变"的具体运用，就是真正懂得用兵了；将帅不精通"九变"的具体运用，就算熟悉地形，也不能得到地利。指挥作战如果不懂"九变"的方法，即使知道"五利"，也不能充分发挥部队的战斗力。

兵法智慧

"故将通于九变之地利者，知用兵矣。"这里的"九"是一个虚指，意指无穷，九变指的是极其机动灵活的作战方法。孙子认为将帅精通"九变"的具体运用，就是真正懂得用兵了。

在战争中，存在着很大的变数，而一个出色的将领面对战争的种种形势是不能一味照搬兵书的，要灵活机动地根据实际情况做出判断。无论是激励士气还是指挥作战，能够随机应变的将领才能取得胜利。

曹操早年收复黄巾军的时候，亲自率领部队去攻打张角。当时正是一年中最热的时候，太阳火辣辣地烤着大地，空气中没有一丝水分。曹操的大军已经翻山越岭走了好多天，将士们的鞋底都磨薄了。他们翻的山都是光秃秃的石山，没有水源，也没有人烟，将士们想尽办法都没能够弄到一滴水。兵士们饥渴难耐，嗓子都冒烟了，嘴唇也都裂了口子。但是太阳还是越来越毒，丝毫没有要下雨的样子。

战士们被晒得头晕眼花，大汗淋漓，很快就有士兵因为中暑倒下了，一些身体强壮的士兵也渐渐支持不住了。

曹操心中暗暗着急，他策马跑上一个高岗去观察地形，希望能找到水源。但是放眼望去，一片干裂的土地。曹操派人找来向导问哪里才有水源，向导无奈地说："泉水在山谷的另一边，如果要绕过去，还要走很远的路。"

曹操看到军队的行军速度越来越慢，这样下去，不要说会贻误战机，恐怕士兵们还没打仗就渴死在这里了。

曹操灵机一动，拿出令旗指着前方说："前面有一片梅林，结满了又大又酸的梅子。我们赶快前进，到了那里我们就可以吃梅子解渴了。"

士兵们一听梅子立刻想到了梅子的酸味，嘴里就像吃到了梅子一样，生出很多口水，精神也为之一振，都不顾劳累奋勇向前，最后终于走到了有水的地方。

在行军之前，恐怕曹操不曾想到会为了部队的干渴而着急。但是曹操能够随机应变，利用人们对于酸梅的条件反射，激励士兵走出了困境。曹操这一激励士兵的方法衍生出一个成语流传至今，即"望梅止渴"。

在现实生活中，我们也要懂得随机应变，不拘于常规，这样才有机会创造出更大的成绩。

原文

是故智者之虑，必杂于利害①。杂于利，而务可信也②；杂于害，而患可解也。是故屈诸侯者以害③，役诸侯者以业④，趋诸侯者以利⑤。

注释

①杂于利害：充分考虑利害两方面。

②而务可信也：事业可以顺利完成。

③屈诸侯者以害：令诸侯做对其不利之事。

④役诸侯者以业：役使诸侯忙于应付紧迫之事。

⑤趋诸侯者以利：动以小利，使诸侯趋之。

译文

智慧明达的将帅考虑问题，必然把利与害一起权衡。在考虑不利条件时，同时考虑有利条件，大事就能顺利进行；在看到有利因素时，同时考虑到不利因素，祸患就可以排除。因此，用最令人头痛的事去使敌国屈服，用复杂的事变去使敌国穷于应付，以利益为钓饵引诱敌国疲于奔命。

兵法智慧

战争是因为利益而起，在战争中利益的作用不可小觑。孙子在这里对利益之争作了分析，"智者之虑，必杂于利害。"意思是说，智慧明达的将帅考虑问题，必然把利与害一起权衡。要在不利中看到有利的条件，在有利的条件中考虑到不利的因素，这样才能够赢得最后的胜利。

春秋战国时期，吴王想要攻打楚国，但是以当时吴国的实力，根本不是强大的楚国的对手。但吴王却骄横跋扈，很难听进别人的意见。他做了决定之后，就召集群臣，宣布了这个消息。

大臣们都不赞成这个仓促的决定，有几个大臣刚要进谏，劝吴王收回成命，就听吴王厉声说道："我心已决，不用再劝了。胆敢再劝的人，我要他死。"大臣们看到吴王决绝的样子，料难再劝，都不做声了。

这时，有一个年轻的侍卫想了一个办法劝谏吴王。他每天清晨都出现在吴王的花园里，拿着一个弹弓走来走去，瞄准树上。早晨的露水很大，很快就打湿了他的裤脚。到了第三天的时候，吴王看到了他，他正拿着弹弓站在一棵树下，眼睛死死地盯住树杈。吴王不解地问他："一大清早来这里做什么呢？这么入神，连裤脚湿了也不知道。"

那个侍卫装作很惊慌的样子说："我一直在看树上的蝉和螳螂，大王来了我都不知道，请大王恕罪。"

吴王道："它们有什么好看的呢？"

侍卫回答道："那个蝉正在喝露水，完全没有觉察到有一只螳螂在悄悄地向它逼近。螳螂只是专注地看着蝉，一点也不知道一只黄雀在它的身后，正伺机捕杀它。而得意的黄雀怎么也想不到我正准备用弹弓打下它。它们只是看到眼前的利益，却看不到身后的祸患啊。"

吴王听后，觉得这个小侍卫说得非常有理，就打消了攻打楚国的念头。

"螳螂捕蝉，黄雀在后"这个故事里面清楚地罗列了各方的利益关系，一个国家的国君或是一支军队的将领都应该顾全大局，从全局考虑得失，这样才能做到既得到想要的胜利而又无后顾之忧。

从前有一家人养了一只母鸡，有一天这只母鸡下了一只金蛋。这家人欣喜若狂，从那以后，母鸡每天都会下一只金蛋，这家人逐渐富有了起来。这家的女主人在某天捡了金蛋之后想："这只母鸡每天就能下一只蛋，这样我得到金子的速度太慢了，应该想一个办法，每天能够得到更多的金蛋。"她想既然母鸡能下金蛋，肚子里一定有很多的金子。于是这个农妇拿起刀来就把母鸡的肚子剖开了，然而她发现这只鸡的肚子里什么也没有。这只能下金蛋的鸡死了，从此以后，这家人再也不能从母鸡那里得到一只金蛋了。

这是《伊索寓言》里一个发人深省的寓言故事，杀鸡取卵，讽刺的是那些贪心和只顾眼前利益的愚蠢行为。

▬ 原文

故用兵之法：无恃其不来，恃吾有以待也①；无恃其不攻，恃吾有所不可攻也。

注释

①无恃其不来，恃吾有以待也：不要寄望于敌人不来，而要靠自己有充分的准备。

译文

所以用兵的原则是：不抱敌人不会来的侥幸心理，而要依靠我方有充分的准备，严阵以待；不抱敌人不会攻击的侥幸心理，而要依靠我方坚不可摧的防御，不会被战胜。

兵法智慧

战争是残酷的，胜利不会降临到没有准备的人身上。孙子说："无恃其不来，恃吾有以待也；无恃其不攻，恃吾有所不可攻也。"意思是说用兵的原则是不要抱有敌人不会来的侥幸，要充分准备，严阵以待，也不要心存侥幸敌人不会攻击，要依靠己方坚不可摧的防御，只有这样才能不被战胜。在这一章中孙子着重提醒带兵者不要心存侥幸。

1894年，朝鲜发生内乱，朝鲜政府请求清政府派兵支援。就在中国向朝鲜派兵之时，日军也举兵入朝，这时的日本打着保护侨民的口号，对中国政府解释说没有其他的意思。其实日本是以此为借口，挑起事端。这时的清政府没有对严峻的战争形势做出准确的判断，李鸿章给北洋海军的指令是："日虽添军，并未与我开衅，何必请战，应令静守。"李鸿章认为两个国家应该以理服人，日本虽然全力备战，但是如果清政府不先开战的话，日本就不会攻击中国，如果自己先动手就理亏了。

为了不落人口实，不先进行挑衅是应该的，但是李鸿章面对如此明显的严峻形势还心存幻想，不做任何作战的准备。直到日军围困中国官兵于牙山的时候，才匆忙从上海遣兵增援。但已经是为时已晚，清政府官兵大败于牙山，仓皇退守平壤。海上的援兵也遭到日军的伏击，两千名将士葬身海底。没有援兵的平壤中国军连连惨败，损失重大。

在作战之初，清政府先是幻想日本不会对自己作战，没有一点的作战准备，在开战之后，又寄希望于帝国主义国家的调停，便自己松懈，完全陷于被动挨打的境地。

战争如此，人生也如此。无论是在生活中还是在工作中，如果想获得成功，有所成就，在做事之前一定要做好准备，不要心存侥幸。

有两个大学毕业生小 A 和小 C，他们同时求职于一家世界五百强的企业。小 A 在面试之前，读了很多关于面试的书籍，反复思考面试官会问什么，并罗列出来，一一准备了最好的答案，他侥幸地希望面试官在面试的时候能够问他所准备的问题。但是真正到了面试的时候，他准备的题目一个也没用上。而小 C 在面试之前，没有把心思花在面试官会问哪些问题，而是认真分析了自身的优劣点和适合的部门，另外他也深入了解了这个企业的发展历程和近期的相关新闻。在面试的时候，他结合自己的所学和特长分析了长久的职业规划，并对面试官的问题，仔细分析，认真作答。面试官看到了一个既有备而来、又不乏热情和自信的新人。最后，这家企业理所当然地录用了小 C。

由此可见，求职者不要把心思用在心存侥幸的投机取巧上面，而要根据自己的特长和发展规划做出切实的、全面的准备。

━ 原文

故将有五危：必死，可杀①也；必生，可虏②也；忿速，可侮③也；廉洁，可辱④也；爱民，可烦⑤也。凡此五者，将之过也，用兵之灾也。覆军杀将⑥，必以五危，不可不察也。

注释

①必死，可杀：拼死而无谋，易招杀。

②必生，可虏：临阵贪生，易于被俘。

③忿速，可侮：急躁易怒，易莽撞轻进致败。

④廉洁，可辱：廉洁自尊，受辱易愤而出战。

⑤爱民，可烦：仁爱人民，易受困被动。

⑥覆军杀将：军队覆灭，将帅被杀。

译文

所以，将领有五种致命的弱点：坚持死拼硬打，可能招致杀身之祸；临阵畏缩，贪生怕死，则可能被俘；性情暴躁易怒，可能受敌轻侮而失去理智；过分洁身自好，珍惜声名，可能会被羞辱引发冲动；由于爱护民众，受不了敌方的扰民行动而不能采取相应的对敌行动。以上这五种情况，都是将领最容易有的过失，是用兵的灾难。军队覆没，将领牺牲，必定是因为这五种危害，因此一定要认识到这五种危害的严重性。

■ 兵法智慧

人人都有缺点，在生活中我们一定要尽量改正自己的缺点，或在做事的时候尽量扬长避短。作为一个领兵的将领，他的性格特点直接关系到胜败生死。所以将领们在领兵打仗的过程中，一定要清醒认识自己的缺点，并坚决改正。

公元 219 年，蜀将关羽因为大意失守荆州，退守麦城。曹操听取司马懿、蒋济等人意见，拉拢孙权，与孙权结盟，同时命徐晃率军救曹仁，并命名将张辽火速援曹仁。孙权故意派陆逊代吕蒙，关羽一时没有把陆逊放在眼里。吕蒙至寻阳（今湖北黄梅西南），让兵士们都穿上白色衣服，伪装成商人，日夜兼程。

到达公安后，孙权迫使蜀守将傅士仁归降，接着又用傅士仁劝降了江陵守将糜芳，并用收买人心的方法厚待关羽将士眷属，安抚百姓，并释放了关羽俘获的魏军将士。同时，让陆逊前进至夷陵（今湖北宜昌），以防刘备救援。救助曹仁的徐晃到前线后，与曹仁取得联系，曹仁军士听到援军来到一时士气大增。为乱关羽军心，乃令部将将孙权来信射入关羽营中，关羽见信后，犹豫不决，军心动摇。徐晃乘机大举进攻，大败关羽，并乘机打通樊城路线。那个时候，洪水已经退去，曹仁率领大军配合徐晃袭击关羽，关羽节节败退，急忙退军。士兵得知家属获厚遇，无心恋战，逐渐离散。关羽孤立无援，坚守麦城，孙权派人诱降，关羽假装投降，在城头竖起投降的旗子，自己假装军士带领十多骑随从逃走。孙权派人在关羽可能逃走的路上设下伏兵。在临沮，关羽连同其子关平被朱然、潘璋抓住，随后被孙权处死。

关羽大意失荆州，随后败走麦城，一代英豪就这样死在了孙权的手里。回过头看这一战，虽然失败的原因很多，但是关羽性格上的弱点却直接导致了这次战役的失败。

英勇善战的关羽纵横战场三十余年，是常胜将军。他忠君重义，勇猛坚毅，是人们至今崇敬的武圣。但是他三十多年的骄人战绩与自身孔武如神的身手使他骄傲自大，狂妄轻敌，并最终为此付出了惨重的代价。

人非圣贤，孰能无过，作为世间平凡的我们是不可能没有缺点的，关键是在做事的过程中要对自己的缺点有一个清醒的认识，并能够想办法避免这种缺点带来的危害。

第九篇

行军篇 ♋

曹操曰：择便利而行也。

题解 ——

本篇主要论述了三个问题：第一，军队在不同的地形行军作战要采用不同的战术处置（处军）；第二，要准确查明敌情，掌握敌人的动静规律（相敌）；第三，治理军队要严明军纪，厉行赏罚（令之以文，齐之以武）。

行军作战，驻军扎营需谨慎而行之，"利地"而能察之于敌，相敌之情。所谓"兵利地助"，凡行军者必要认清"四地"之优劣，以避害就利，以患为利。孙武由此提出"兵非贵益"的军事思想，将帅行军必须行以教民，察微知著，占其利地，观敌之态，据情应之。

孙武认为，针对纷繁复杂的战争情况要灵活多变地使用战法，洞察敌人的动静规律，判明敌人的企图，做到"并力""料敌""取人"，夺取战争的胜利。因此，他首先具体地论述了在"处山""处水""处斥泽""地平陆"等地形条件下行军作战的处置方法，以及遇到"绝涧"等"六害"应采取的不同措施，要求将帅力争得到"地之助"，取得"兵之利"。接着他又强调了将帅要善于观察敌情，判明各种征候，做好应敌准备的重要性。最后他又提出爱护士卒，严明法纪。

第九篇　行军篇

■ 原文

孙子曰：凡处军①、相敌②：绝山依谷③，视生处高④，战隆无登⑤，此处山之军也。绝水必远水⑥；客绝水而来，勿迎之于水内，令半济而击之，利；欲战者，无附于水而迎客⑦；视生处高，无迎水流⑧，此处水上之军也。绝斥泽⑨，唯亟去无留；若交军于斥泽之中，必依水草而背众树，此处斥泽之军也。平陆处易，而右背高⑩，前死后生，此处平陆之军也。凡此四军之利，黄帝之所以胜四帝也。

注释

①处军：部署军队。

②相敌：观察敌情。

③绝山依谷：越高山时傍溪谷而行。

④视生处高：视生，向阳。处于居高向阳之地。

⑤战隆无登：敌在高处不应仰攻。

⑥绝水必远水：过江河须驻军于离水稍远之处。

⑦无附于水而迎客：勿于近江河之地与敌交锋。

⑧无迎水流：不可于下游宿营。

⑨绝斥泽：越过盐碱沼泽地带。

⑩而右背高：侧翼背后地势须高。

译文

孙子说：在各种不同地形上处置军队和观察判断敌情时，应该注意：通过山地，必须依靠有水草的山谷，驻扎在居高向阳的地方，敌人占领高地，不要仰攻，这是在山地上对军队的处置原则。横渡江河，应远离水流驻扎，敌人渡水来战，不要在江河中迎击，而要等他渡过一半时再攻击，这样较为有利。如果要同敌人决战，不要紧靠水边列阵；在江河地带扎营，也要居高向阳，不要面迎水流，这是在江河地带上对军队处置的原则。通过盐碱沼泽地带，要迅速离开，不要逗留；如果同敌军相遇于盐碱沼泽地带，那就必须靠近水草而背靠树林，这是在盐碱沼泽地带上对军队处置的原则。在平原上应占领开阔地域，而侧翼要依托高地，前低后高，这是在平原地带上对军队处置的原则。以上四种处置军队的好处，就是黄帝之所以能战胜其他四帝的原因。

■ 兵法智慧

行军在现代军事中为转移阵地的意思，而孙子在这里提及的行军是从事军事活动，以及用兵作战的意思。关于行军，孙子提出了"处军相敌"的思想，即根据不同的地形对将领提出更高的作战要求，并根据地形进行敌情的观察和判断。目的在于能够利用地形的优点安排战术，突破障碍和限制，从而取得有利的竞争条件，促使取得战争的胜利。

地势在战争中是一种客观条件，这种客观条件必须在领兵者的考虑范围之内，因为地势往往会成为决定战争胜负的关键因素。

在民间，南宋和辽金的战争经评书和戏曲等形式的演绎为老百姓所熟知，和尚原战役中，宋军将领就利用地形有力回击了金兵的进攻。

建炎四年（1130 年）九月，富平之战中宋军大败，退守兴州（今陕西略阳）、和尚原（今陕西宝鸡西南）、大散关（今陕西大散关）及阶州（今甘肃武都）、成州（今甘肃成县）等地，重行设防。和尚原是南宋川陕地区的战略要地，是金军入川的主要障碍，也是从渭水流域越秦岭进入汉中地区的重要关口之一。这时，吴玠、吴璘带领几千名散兵，担任保卫和尚原的任务。他们深知，"和尚原最为要冲，自原以南，则入川路散；失此原，是无蜀也"。金军急于打通进入汉中的门户，因此大举进攻和尚原，和尚原之战拉开帷幕。

绍兴元年（1131 年）五月，金军将帅分两路进攻吴玠军，两路金军企图在和尚原会师。吴玠针对金军重甲骑兵长于骑射、短于步战的特点，坚阵固守，避其锐气，又命令诸将列成阵势，利用有利地形，轮番向先到达的乌鲁、折合率领的金军攻击。金军欲战不能，欲退无路。和尚原一带尽是山谷，路多窄隘，怪石壁立，金军的骑兵全都失去了威力，只好弃骑步战。宋军待其进入路窄多石的山谷时，挥军猛攻，大败金军。溃败的金军退到黄牛一带，又遇上了大风雨，士气低落，已经没有能力再组织进攻。同时，金军在箭笞关方向发动的进攻亦为宋军击退，从而打破了两军会师和尚原的计划。宋军军心大振。

金军初战和尚原失败是他们始料未及的，于是金军元帅兀术亲自领兵十余万，再次跨过渭水，与吴玠所率宋军夹涧对峙，准备与宋军决战。吴玠在此凭借险要地势，挑选劲弓强弩分番迭射，弓矢连发不绝。吴玠又派人马从两旁袭击，断了金军的粮道。金军不是敌手，丢盔弃甲，陷入困境，一路遁逃。吴玠乘胜追击，在一山谷险要地设兵伏击，金军更加狼狈逃窜，兀术中箭负伤。宋军获金军头目三百余人，甲士八百余人，缴获器甲数以万计，取得了辉煌的胜利。

和尚原战役给予金军以重创，宋军取得金兵破宋以来的第一次大胜利，与爱国军民的殊死战斗是分不开的，但是在战斗的过程中，将领们能够有效利用陕西境内"路多窄隘，怪石壁立"的地形，打击不善骑射的金兵，也是胜利的重要因素。

▬ 原文

凡军好高而恶下，贵阳而贱阴，养生而处实①，军无百疾，是谓必胜。丘陵堤防，必处其阳，而右背之。此兵之利，地之助也。上雨，水沫至，欲涉者，待其定也。

注释

①养生而处实：傍水草而居以便休养人马，背高依固而处以便军

需物资供应。

译文

大凡驻军总是喜欢干燥的高地，避开潮湿的洼地；重视向阳之处，避开阴暗之地；傍水草而居以便休养人马，背高依固而处以便军需物资供应。将士百病不生，这样就有了胜利的保证。在丘陵堤防行军，必须占领它向阳的一面，并把主要侧翼背靠着它。这些对于用兵有利的措施，是利用地形作为辅助条件的。上游下雨，洪水突至，禁止徒涉，应等待水流稍平缓以后再行军。

兵法智慧

在《行军篇》中，孙子首先提到了地势的重要，在一切准备得当的情况下，如果能够借助地势反击敌人，往往能取得胜利。但是《孙子兵法》的可贵之处在于注重以人为本。如果仅仅为了取得胜利，而忽略了地势会对士兵们造成的伤害，那么即使胜利也不会长久。战争中终归人是主体，所以领兵者一定要考虑到地势对于士兵的影响。

在三国时期著名的赤壁之战中，孙刘联合抗曹，采用火攻战术大败曹军。除了孙刘妙计取胜外，匆匆南征的曹军也有许多致命伤，如北方兵不熟悉水战，至南方水土不服等。据相关资料记载，曹操军队感染的主要是血吸虫病。

推算一下，赤壁之战的时间与当时血吸虫病的易发季节正好相差无几，曹军迁徙、训练水军之时正是血吸虫病易发的秋季。

曹军本是北方军队，主要是陆上作战。而此次南征不得不水中作战，这让不习惯水战的北方军更容易染上此病。血吸虫病在人体内潜伏期为一个月，一个月后，患者才会出现比较明显的症状。曹军很有可能在秋季训练时已经染上此病，至一个月后的冬季，曹操准备发起总攻的时候，此病正进入急性期。因此曹军战斗力大为削弱，在孙刘发起火力攻势后，不堪一击。而与之作战的孙刘联军却并未因此病受多大影响，很可能是因为孙刘军本就以南方人居多，已经习惯了南方的潮湿气候，对流行于南方的疾患也早有了认识和防备。

在这次战役中曹操大意轻敌，认为只要凭借自己雄厚的兵力就能轻而易举攻破孙刘联军，统一全国，没想到南北方气候和地域特点不同，从而导致将士从身体上首先被战败，军心不稳，战斗力下降，最终被火烧战船，损失惨重。古往今来，这样的例子有很多。

1941 年 6 月，希特勒侵占苏联的战役打响，希特勒意图采取"闪击战"，迅速占领苏联。进入苏联战区，希特勒一路猛攻，并制订了攻占莫斯科的"台风"计划。10 月 2 日，希特勒正式发动攻占莫斯科的战役。虽然在战前军事顾问曾提醒过希特勒，要准备好应付莫斯科冬季的作战物资。可希特勒认为既然是闪电攻击，那么冬季到来之时德军占领莫斯科不成问题，所以压根儿没做这方面的准备。

莫斯科战役打响后，如入侵其他城市一般，德军长驱直入。没想到的是，正当德军准备进行再一轮的猛攻时，莫斯科的秋雨季节来到。大雨持续下个不停，德军的大队人马陷入沼泽之中，士兵们浑身湿透，路上泥泞不堪，补给也无法到位。雨季一直持续到了11月中旬方才结束。

正当希特勒准备继续进行他的闪击计划，迅速攻占莫斯科时，莫斯科的气温骤降至零下三十度，大雪飘飞。突如其来的低温给毫无准备的德军带来了沉重的打击：士兵身着夹衣作战，手脚龟裂，几乎握不住枪，火炮的润滑油被冻住，机枪和自动步枪也不听使唤。

士兵们由于军装单薄，怨声载道，很多官兵被冻死冻伤，大大削减了德军的战斗力和他们的战斗意志。到了次年1月，气温持续下降，最低降至零下五十二度，德军在严寒中已经没有了战斗力气。苏军趁此良机，对德军发起强烈猛攻，一举歼灭了德军的主力。据德军总参谋长的日记记载，在莫斯科会战中，德军冻死八万余人，冻伤十万余人。

向来自负的希特勒完全没有想到，在他攻占莫斯科的战役中，败给的不是多么神勇的军队，而是苏联特有的气候。在士兵无法承受严寒的情况下，军队的战斗力土崩瓦解，不战自溃，最后被苏联的军队抓住时机，反击成功。

原文

凡地，有绝涧①、天井②、天牢③、天罗④、天陷⑤、天隙⑥，必亟去之，勿近也。吾远之，敌近之；吾迎之，敌背之。军行有险阻、潢井⑦、葭苇⑧、山林、翳荟⑨者，必谨覆索之，此伏奸之所处也。

　　敌近而静者，恃其险也；远而挑战者，欲人之进也。其所居易者，利也⑩。众树动者，来也⑪；众草多障者，疑也⑫。鸟起者，伏也⑬；兽骇者，覆也⑭。尘高而锐者，车来也；卑而广者，徒来也⑮；散而条达⑯者，樵采也；少而往来者，营军也⑰。

　　辞卑而益备者，进也；辞强而进驱者，退也。轻车先出，居其侧者，陈也。无约而请和者，谋也。奔走而陈兵车者，期⑱也；半进半退者，诱也。

注释

①绝涧：两岸峭壁，水流其间。

②天井：四周高峻，中央低洼。

③天牢：天险环绕，易入难出。

④天罗：草木丛生，难以通行。

⑤天陷：低地泥泞，车骑易陷。

⑥天隙：山间狭谷，沟坑深长。

⑦潢井：积水低地。

⑧葭苇：芦苇丛生之地。

⑨翳荟：草木繁茂，可屏蔽之处。

⑩其所居易者，利也：敌人所处之地对其有利。

⑪众树动者，来也：树林里很多树木摇动的，是敌军向我袭来。

⑫众草多障者，疑也：堆积草木设障，疑有伏兵。

⑬鸟起者，伏也：鸟儿飞起，下有伏兵。

⑭兽骇者，覆也：野兽惊跑，敌即来袭。

⑮卑而广者，徒来也：尘埃低矮而广阔，为步卒前来。

⑯条达：条缕分明。

⑰少而往来者，营军也：尘少，时起时落，敌扎营垒。

⑱期：期待。即敌军准备决战。

译文

　　凡遇到或通过"绝涧""天井""天牢""天罗""天陷""天隙"这几种地形，必须迅速离开，不要接近。我方应该远离这些地形，而让敌人去靠近它；我方应面向这些地形，而让敌人去背靠它。军队两旁遇到有险峻的隘路、湖沼、芦苇、山林和草木茂盛的地方，必须谨慎地反复搜索，这些都是敌人可能埋设伏兵和隐伏奸细的地方。

　　敌人离我很近而安静的，是依仗它占领险要地形；敌人离我很远但挑战不休，是想诱我前进；敌人之所以驻扎在平坦地方，是因为对它有某种好处。许多树木摇动，是敌人隐蔽前来；草丛中有许多遮障物，是敌人布下的疑阵；群鸟惊飞，是下面有伏兵；野兽骇奔，是敌人大举突袭；尘土高而尖，是敌人战车驶来；尘土低而宽广，是敌人的步兵开来；尘土疏散飞扬，是敌人正在拽柴而走；尘土少而时起时落，是敌人正在扎营。

　　敌人使者措辞谦卑却又在加紧战备的，是准备进攻；措辞强硬而军队又做出前进姿态的，是准备撤退；轻车先出动，部署在两翼的，是在布列阵势；敌人尚未受挫而来讲和的，是另有阴谋；敌人急速奔走而布列战车的，是企图约期同我决战；敌人半进半退的，是企图引诱我军。

▓ 兵法智慧

孙子在这里告诉我们，行军时一定要细微观察，不要使自己的军队处于危险的境地。因为将领一个人身系众人生死，所以将帅对在行军打仗的过程中出现的特殊情况不能不查，也不能不防。故军有时会利用真真假假的现象，让兵力雄厚的领兵者不敢贸然前进。

在春秋时期，楚文王有一个非常漂亮的妻子，他的弟弟令尹公子元对其垂涎已久，在楚文王死了之后，公子元的表现就更加明显。他常常用各种方法讨文夫人的欢心，但文夫人却不为其所动，于是他想，如果自己能够建功立业，拥有傲人军功的话，文夫人或许就会转变态度。

为此，公子元于公元前666年亲率兵车六百乘，去打郑国。郑国国力较弱，在楚军强大的攻势下，失去了抵御能力，楚军直逼郑国国都。

郑国国君忧心忡忡，召集大臣商量退敌之策。群臣知道楚军攻势凶猛，一时都没了主意。主战派要求与郑国国都共存亡，拼死一战。主和派则认为不是敌人的对手，主张纳款请和。这时上卿叔詹建议说："请和与决一死战都不可取，固守待援倒是不错的方法。郑国和齐国是有盟约的。而今郑国有难，齐国定会出兵相助。公子元伐郑其实是想邀功图名讨好文夫人，所以他不能承受失败的打击，对于失败一定特别谨慎。我有一计，可退楚军。"

郑国国君听了叔詹的计策后，大喜道："果然是好计策。"遂命人按叔詹的谋划做了部署。在国都城内，士兵全部埋伏起来，城门大开，放下吊桥，让敌人从城外看进去，不见一兵一卒。百姓们正常往来，不见一丝惊慌之色。店铺照常开门，街道井然有序。

楚国大军很快就攻到了国都城下，见此情景，不敢妄动，怕是郑国在使诱敌之计。先锋官命先头部队原地待命，自己报于公子元。公子元赶到城下，看到此种情形也感到疑惑，他登上高处详细观察城内情况。隐约觉得郑国都城空虚的表象下面，隐藏着全副武装的士兵。于是公子元决定按兵不动，先派探子探听一下虚实再说。

就在公子元犹豫之时，齐国接到了郑国求援的书信，于是发兵救郑，同时发兵的还有宋国和鲁国。公子元看到这个阵势，知道取胜很困难了，在撤退时，他怕郑国会追击，于是选了一天夜里，全部士兵悄然撤退，连营寨和战旗都没带。

第二天清晨，叔詹登城一望，看到楚军的营帐上空有许多鸟儿在盘旋，于是宣布："楚军已经撤走了。"其他人见到敌营战旗招展，不相信已经撤兵。叔詹就说："如果营中有人，飞鸟怎么敢在营帐上上下盘旋呢？"

此次战役中的公子元不仅仅是为了战争的胜利，他还带着取悦文夫人的目的，所以对于有可能的失败就不得不谨慎处理。叔詹察觉到他的进攻另有目的之后，设置假象迷惑公子元，利用他不会轻易处危境的特点拖延时间，使郑国躲过了一场灾难。

━ 原文

杖①而立者，饥也；汲而先饮者，渴也；见利而不进者，劳也。鸟集者，虚②也；夜呼者，恐也。军扰者，将不重③也；旌旗动者，乱也；吏怒者，倦也。粟马肉食④，军无悬甀⑤，不返其舍者，穷寇也。谆谆翕翕，徐与人言者，失众也。数赏者，窘也；数罚者，困也；先暴而后畏其众者，不精之至也；来委谢者，欲休息也⑥。兵怒而相迎，久而不合，又不相去，必谨察之。

兵非益多也，惟无武进⑦，足以并力、料敌、取人而已。夫惟无虑而易敌⑧者，必擒于人。卒未亲附而罚之，则不服；不服，则难用也；卒已亲附而罚不行⑨，则不可用也。故令之以文，齐之以武⑩，是谓必取。令素行⑪以教其民，则民服；令不素行以教其民，则民不服。令素行者，与众相得也。

注释

①杖：长柄兵器。

②虚：兵营空虚，敌或已潜退。

③将不重：敌将无威望。

④粟马肉食：用粮食喂马，杀牲食肉。

⑤甀：盛水器。

⑥来委谢者，欲休息也：敌遣使者来致礼言好，欲休兵息战。

⑦惟无武进：不能恃武轻进。

⑧无虑而易敌：无谋而轻敌。

⑨而罚不行：有刑罚而不严格执行。

⑩令之以文，齐之以武：文，仁恩。武，威刑。恩威并施。

⑪令素行：一贯严行法纪。

译文

敌兵倚着兵器而站立的，是饥饿的表现；供水兵打水自己先饮的，是干渴的表现；敌人见利而不进兵争夺的，是疲劳的表现；敌人营寨上聚集鸟雀的，下面是空营；敌人夜间惊叫的，是恐慌的表现；敌营惊扰纷乱的，是敌将没有威严的表现；旌旗摇动不整齐的，是敌人队伍已经混乱。敌人军官易怒的，是全军疲倦的表现；用粮食喂马，杀马吃肉，收拾起汲水器具，部队不返营房的，是要拼死的穷寇；低声下气同部下讲话的，是敌将失去人心；不断犒赏士卒的，是敌军没有办法；不断惩罚部属的，是敌人处境困难；先粗暴然后又害怕部下的，是最不精明的将领；派来使者送礼言好的，是敌人想休兵息战；敌人逞怒同我对阵，但久不交锋又不撤退的，必须谨慎地观察他的企图。

打仗不在于兵力越多越好，只要不轻敌冒进，并集中兵力、判明敌情，取得部下的信任和支持，也就足够了。那种既无深谋远虑而又轻敌的人，必定会被敌人俘虏。士卒还没有亲近依附就执行惩罚，那么他们会不服，不服就很难使用。士卒已经亲近依附，如果不执行军纪军法，也不能用来作战。所以，要用怀柔宽仁使他们思想统一，用

军纪军法使他们行动一致，这样就必能取得部下的敬畏和拥戴。平素
严格贯彻命令，管教士卒时，士卒就能养成服从的习惯；平素从来不
严格贯彻命令，管教士卒时，士卒就会养成不服从的习惯。平时命令
能贯彻执行的，表明将帅同士卒之间相处融洽。

■ 兵法智慧

作为三军统帅，将领的行事风格会在很大程度上影响军队的作战
风格。一支军队在作战过程中表现出来的作战能力，是一个将领领兵
能力的表现。一个将领在拥有出色的军事才能的同时必须具有出色的
组织管理能力。在这里，孙子阐述了如何根据敌军的不同表现来判断
敌军情况，和一个将军应该怎样统率自己的士兵。首先，孙子告诉领
兵者：身正则威，自己正确英明的行动是无声的语言，能够让士兵们
产生敬服。其次要赏罚分明，在应该奖励的时候，一定不要吝啬，以
起到鼓励士兵的作用。在士兵违反军法的时候，一定要加以惩治，以
达到威慑的效果。让士兵养成遵守纪律的习惯，能够以军法约束，反
而会使将帅同士卒之间相处融洽。

三国时候的名将张飞长相凶猛，作战英勇无敌。《三国演义》里曾
经描述张飞大喝三声，喝断当阳水倒流，喝退曹操百万兵。但就是这
样的一个万人敌，却不知体恤士兵，最后被忍无可忍的两个士兵砍下
了人头，可怜一位虎将没有死在战场却死在了自己人手里。

张飞天性暴躁。在阆中镇守时，得知关羽被害的消息，张飞痛

惜兄弟情义，日夜号啕大哭，血泪衣襟。诸位将领悉来劝解，试
图让张飞借酒浇愁，张飞酒醉后，更加控制不住自己的脾气。但
凡军帐中有士兵犯有过失，张飞就鞭打他们，以致有的士兵被打
至死。

刘备深知张飞的个性，知道他因为小错打死士兵之后，就劝他说：
"你鞭打士兵，还让这些士兵在身边侍候，早晚会有祸端的。对待士兵，
平常应该宽容。"

关羽死后不久，张飞下令，限三日内置办白旗白甲，三军挂孝
伐吴。

第二天，帐下两员末将范疆、张达禀告张飞："白旗白甲短时间
内筹措不到，须宽限几日才行。"张飞怒目圆睁，大喝道："我一心想
着报仇，恨不得明天就杀到贼子的境内去，你们竟敢违抗我的命令！"
说完就让武士把他们二人绑在树上，每人鞭打五十下。打完了之后指
着二人说道："明天必须完成任务，所有东西一定要准备齐全。如果违
了期限，就拿你们两个人的头示众。"

这二人被打得满脸是血，范疆对张达说："让我们怎么筹备呢？将
军那个人生性暴虐，如果办不齐，我们就会被杀啊！"张达说："与其
等着他来杀我们，还不如我们先去杀了他！"范疆说："我们哪有办法
杀了他呢？"张达说："进帐后如果我们两个不应当死，那么他就喝醉
后躺在床上；如果应当死，那么他就不醉好了。"

张飞这天夜里果然又喝得大醉，卧在帐中。范、张二人打听准了
消息，凌晨的时候，一人揣了一把利刃，悄悄地摸到了张飞帐中。就

这样，张飞在睡梦中被自己的两个士兵杀死了。范张二人携了张飞首级，连夜逃去了东吴。

猛张飞作为一个将军，在统兵打仗中不但不知体恤士卒，反而苛刻、暴虐，落得如此下场，实在可悲又可叹。

第十篇

地形篇 ❦

曹操曰：欲战，审地形以立胜也。

题解 ⎯

　　地形对战争的成败有十分重要的作用。孙武重视地形对作战的影响，强调地形是"兵之助""知此而用战者必胜"。从这一朴素的地形观出发，孙武具体地分析了"六形"，论述了"六败"，要求将领要了解和掌握"六形"的特点，正确运用和处置它，以求"知彼知己""知地知天"，免遭"六败"，达到战争的全胜。

　　孙武能从实际出发，对战争中的不同情况主张采用不同战法的认识，是很可取的。更可贵的是，从他强调地形条件的同时，注意了人的重要作用，认为造成"六败""非天之灾"，而是"将之过"，并主张"视卒如爱子"，是非常人性化的军事用人之策。

第十篇　地形篇

▰▰ 原文

　　孙子曰：地形：有通者，有挂者，有支者，有隘者，有险者，有远者。我可以往，彼可以来，曰通。通形者，先居高阳^①，利粮道，以战则利。可以往，难以返，曰挂。挂形者，敌无备，出而胜之；敌若有备，出而不胜，难以返，不利。我出而不利，彼出而不利，曰支。支形者，敌虽利我，我无出也；引而去之^②，令敌半出而击之，利。隘形者，我先居之，必盈之^③以待敌；若敌先居之，盈而勿从，不盈而从之。险形者，我先居之，必居高阳以待敌；若敌先居之，引而去之，勿从也。远形者，势均，难以挑战，战而不利。凡此六者，地之道也^④，将之至任^⑤，不可不察也。

　 注释

　　①先居高阳：先占地高向阳之地带。

　　②引而去之：往后撤（以诱敌）。

　　③盈之：重兵把守。

　　④地之道也：利用地形的原则。

⑤将之至任：为将领应负的重任。

译文

孙子说：地形有"通""挂""支""隘""险""远"六种。凡是我
们可以去、敌人也可以来的地形，叫作"通"。在"通"形地域上，应
抢先占领开阔向阳的高地，保持粮道畅通，这样作战就有利。凡是可
以前进、难以返回的地形，称作"挂"。在"挂"形的地域上，假如敌
人没有防备，我们就能突击取胜；假如敌人有防备，出击又不能取胜，
而且难以返回，这就不利了。凡是我军出击不利、敌人出击不利的地
域叫作"支"。在"支"形地域上，敌人虽然以利相诱，我们也不要出
击，而应该率军假装退却，诱使敌人出击一半时再反击，这样就有利。
在"隘"形地域上，我们应该抢先占领，并用重兵封锁隘口，以等待
敌人的到来；如果敌人已先占据了隘口，并用重兵把守，我们就不要
去进攻，如果敌人没有用重兵据守隘口，那么就可以进攻。在"险"
形地域上，如果我军先敌占领，就必须控制开阔向阳的高地，以等待
敌人来犯；如果敌人先我占领，就应该率军撤离，不要去攻打它。在
"远"形地域上，敌我双方地势均同，就不宜求战，勉强求战，非常不
利。以上六点，是利用地形的原则。这是将帅的重大责任所在，不可
不认真考察研究。

■ 兵法智慧

孙子在这里主要谈了将帅在行军打仗时面对六种不同地形应如何
反应。不同的地形有不同的作战主张，不能一味地强攻猛打，将帅者

要谨慎分析，小心对待。军事上会面对各种各样的形势，政治上也是一样。古代有才能的士大夫们在面对各种复杂的政治形势时，也都会进行仔细分析，然后酌情应对，以争取获得最有利的局面。

春秋中期，秦穆公即位后，国力日渐强盛，就慢慢有了图霸中原的想法。周襄王二十四年（公元前628年），晋文公、郑文公相继去世，戍郑的秦大夫杞子派人向秦国报告说："我已经掌握郑国国都北门的城防，倘若派兵前来偷袭，便可攻占郑国。"秦穆公召来蹇叔，询问他的意见。蹇叔认为，兴师动众，行军千里去袭击郑国，郑国一定会有所防备，起不到出其不意的效果。秦穆公却不以为然，不听蹇叔的劝阻，派孟明视为大将，西乞术、白乙丙为副将，率军出发。蹇叔不禁哭着说："孟明视啊，我今天能看着军队出征，却看不到他们回来啊！"由于蹇叔的独子也在这次出征的军队里，蹇叔又哭着对他说："晋国一定会在地势险要的崤山设下伏兵攻击我们的军队。崤有南北两座山：南面那座山是夏朝国君皋的墓地；北面那座山是周文王避过风雨的地方。你必定会死在这两座山之间的峡谷之中，到时我会到那里给你收尸。"

周襄王二十五年（公元前627年）二月，秦军经过周都城洛邑北门时，兵车上左右两边的士兵只摘下头盔向王宫致敬，但有三百辆兵车的士兵刚一下车就又跳上了战车。王孙满看到这种情形，就对周王说："秦国军队一定会失败。"周王问："为什么？"王孙满说："秦军举止如此轻狂骄横，轻狂就会缺少谋略，骄横就会不注重礼节。不注重礼节就会纪律不明，缺少谋略就会使自己陷入困境。进入险境后，能不失败吗？"

秦军经过滑国时，郑国商人弦高正好也经过这里要去周都城做买卖。他是个爱国之人，他听说秦国要去攻打郑国，便带着四张熟牛皮和十二头牛前去慰劳秦军，他对孟明视说："敝国国君听说你们行军将要经过敝国，就派我冒昧前来慰劳您的部下。敝国虽不富裕，但如果您的部下要驻扎很久，敝国愿意供应每天的粮草；如果要离开，我们会做好那一夜的保卫工作。"然后，弦高立即派人回郑国报信了。

郑穆公得知此事后，立即派人到宾馆察看，发现杞子和他的部下已经打点好行装，磨快了兵器，喂饱了马匹，时刻准备着做秦军的内应。郑穆公又派皇武子去告诫杞子等人，说："你们在敝国居住的时间很长了，敝国快没有吃的东西了，你们该走了吧。郑国有兽园，秦国也有兽园，你们回到秦国依然可以去猎取麋鹿，让敝国得到安宁，不知道怎么样？"杞子情知事情败露，便带着部下逃到齐国，逢孙、扬孙逃到宋国。孟明视知道郑国有了准备，就决定不再进攻郑国，转而灭掉滑国就启程回秦国去了。

晋国卿大夫原轸说："秦君不听蹇叔的意见，由于贪得无厌而使老百姓受苦，上天赐给我们一个这么好的机会，绝不能轻易放过敌人。如果放走了敌人，那就是违背天意，将会后患无穷。所以一定要出兵讨伐秦军！"晋大夫栾枝说："秦国对我们有恩，不思报答反而去攻打它的军队，你心里还有已死的国君吗？"原轸说："我国新丧，秦国却不举哀，反而攻打我们的同姓之国，秦国如此无礼，我们还报什么恩呢？我听说：'一旦放走了敌人，会给后世儿孙留下祸患。'这么做，是为了我们后世子孙考虑，也是为了已死的国君！"于是立即下令，调动姜戎的军队在崤山埋伏。

四月十四日，孟明视率军来到崤山，被早就埋伏在此的晋军杀了个措手不及，秦军大败，孟明视、西乞术、白乙丙被俘虏。

在这场战役中，晋军之所以能够打出如此漂亮的一仗，是因为利用了崤山得天独厚的险要地理环境。而且还由于秦穆公没有分析清楚此行可能遇到的后果就盲目进军，而使秦军陷入困境，被晋军打败，受到了严重的损失。

在现实生活或者工作中，当我们遇到一些事情时，不要不加思考便立刻动手去做，要仔细分析事情的情况，然后针对具体的情况或者它的发展趋势，采取相对应的方式方法，这样做起事来才能事半功倍，即使在过程当中遇到困难，也能随机应变，有效地解决问题。

■ 原文

凡兵有走者，有弛者，有陷者，有崩者，有乱者，有北者。凡此六者，非天之灾，将之过也。夫势均，以一击十，曰走；卒强吏弱，曰弛；吏强卒弱，曰陷；大吏怒而不服，遇敌怼而自战①，将不知其能，曰崩；将弱不严，教道不明，吏卒无常，陈兵纵横，曰乱；将不能料敌，以少合众②，以弱击强，兵无选锋③，曰北。凡此六者，败之道也，将之至任，不可不察也。

注释

①愠而自战：愠，怨恨。意气用事，擅自出战。

②以少合众：以少兵击众敌。

③选锋：选精锐为先锋。

译文

军队打败仗有"走""驰""陷""崩""乱""北"六种情况。这六种情况的发生，不是天时地理的灾害，而是将帅自身的过错。地势均同的情况下，以一击十而导致失败的，叫作"走"。士卒强悍，军官懦弱而造成失败的，叫作"驰"。将帅强悍，士卒懦弱而失败的，叫作"陷"。偏将怨仇，不服从指挥，遇到敌人擅自出战，主将又不了解他们能力，因而失败的，叫作"崩"。将帅懦弱，缺乏威严，治军没有章法，官兵关系混乱紧张，列兵布阵杂乱无常，因此而致败的，叫作"乱"。将帅不能正确判断敌情，以少击众，以弱击强，作战又没有精锐先锋部队，因而落败的，叫作"北"。以上六种情况，均是导致失败的原因。这是将帅的重大责任之所在，是不可不认真考察研究的。

兵法智慧

《孙子兵法》旨在胜利，在前面的章节里面，孙子一直在阐述要想取得胜利，必须激励士气、分析地势、占尽先机。在这里孙子则正面论述了失败，怎样判断失败及什么样的情形会导致失败。孙子简单论述了六种导致失败的原因，即"走""驰""陷""崩""乱""北"，失败是将帅的重大责任，不能不认真考察。将帅要及时觉察失败的苗头，及时把失败消灭于萌芽之中。如果已经失败了，就应该从失败中吸取教训，调整自己的带兵状态。

太平天国运动，这场轰轰烈烈的农民起义在清政府的残酷镇压下宣告失败。太平天国运动的失败，除了外界的打压，领袖们在取得一定的胜利后骄奢淫逸、内讧等也都是太平天国自身的致命伤。

太平天国在占领南京之后，大兴土木。为修建"天王府"，洪秀全动用了上万军民拆毁大批民房，天王府修建得"城周围十余里，城高数丈，内外两重，外曰太阳城，内曰金龙城""雕琢精巧，金碧辉煌""五彩缤纷，侈丽无比"。其他各王也自选地点，修建宫殿，一个比一个奢华。洪秀全在太阳城里广纳妃嫔，大搞礼仪。在太平天国还不成气候的时候，洪秀全就有妻妾十余人。在永安突围时，增加到三十六人。建都南京之后，所纳妃嫔达八十八人之多，另有宫女千余人，可谓美女如云。洪秀全在太阳城里足不出户，享尽荣华。

不仅如此，在节日和诸王寿辰的时候，都会大摆宴席，极尽奢华排场。在洪秀全生了第四个儿子后，大搞庆祝活动，东王杨秀清下令前线将领搜集奇珍异宝，押解回京以备天王登朝谢天之用。

后来，洪秀全的大权逐渐旁落，实权掌握在东王杨秀清的手里。杨秀清见当时太平天国形势大好，便另有图谋，假装"天父下凡"，迫使天王封他为"万岁"。韦昌辉与秦日纲发动兵变，在一天夜里袭击东王府，杀了杨秀清及其家属、部将等两千余人。石达开责备韦昌辉等人滥杀无辜，引起韦昌辉的不满，当夜，石达开逃出城去，家人尽数被杀。石达开在城外声讨韦昌辉，得到了城外将士们的声援。洪秀全没有办法，杀了韦昌辉以平民愤。这就是轰动的天京事变，自此内讧分裂不断，甚至有串通投敌等荒唐事。

石达开在韦昌辉被杀之后回京主持大局，得到了将士、军民的拥护，分裂局面得到了一定控制，但是又引起了洪秀全的猜忌，对其百般牵制，甚至有意加害。后石达开再次出京。

太平天国在取得一定的胜利之后，从洪秀全起，诸王无不追求享乐，骄奢淫逸。至使朝纲败坏，许多将领拥兵自重，敛财自肥，腐化堕落，甚至发生一连串叛变投敌的行为，从而瓦解了革命斗志，加速了革命的失败。洪秀全深深沉溺在"天父天兄"的迷网里，失去了对现实的清醒认识。最终这场革命无可挽回地走向了失败。

太平天国的失败是领兵者的失败，他们的腐化和堕落导致了最后的陷落。将领们本身的德行问题，导致如此具有规模的起义力量四分五裂。

▰▰ 原文

夫地形者，兵之助也①，料敌制胜，计险厄、远近②，上将之道也。知此而用战者必胜，不知此而用战者必败。故战道必胜③，主曰无战，必战可也；战道不胜，主曰必战，无战可也。故进不求名，退不避罪，唯民是保，而利合于主，国之宝也。

注释

①兵之助也：可助用兵。

②计险厄、远近：考察地形险易，估计路途远近。

③战道必胜：按战争规律必胜。

译文

地形是用兵打仗的辅助条件。正确判断敌情，考察地形险易，计算道路远近，这是高明的将领必须掌握的方法。懂得这些道理去指挥作战的，必定能够胜利；不了解这些道理去指挥作战的，必定失败。所以，根据分析有必胜把握的，即使国君主张不打，坚持打也是可以的；根据分析没有必胜把握的，即使国君主张打，不打也是可以的。所以，战不谋求胜利的名声，退不回避失利的罪责，只求保全百姓，符合国君利益，这样的将帅才是国家的宝贵财富。

兵法智慧

孙子在这里告诫领军将领：在对敌作战中地势作为辅助条件的作用绝对不可忽视。在一切条件具备的情况下，能够准确分析、利用地形，是胜利的必要条件。在实际作战中，将领在合理地分析了地形之后，有必胜的把握时，可以不用太在意国君的旨意。这是因为领兵作战的将领不单单是为了图一个忠君的名声。在作战的过程中，只有保全了百姓才能保全国家，从而也就保全了国君的利益，这样的将领才是国家的宝贵财富。

公元前 218 年，秦始皇发兵南征百越之地。所谓"百越"，一般意义上也叫岭南，就是指分布在现在的广东、广西地区的扬越、瓯越、闽越、南越等越人部落。因楚国与百越相邻，早在公元前 223 年，王翦在率军灭楚国的时候就曾南进，占领了岭南的部分土地并置会稽郡。直到中原地区统一得差不多的时候，秦始皇再次派遣屠睢发兵五十万，分兵五路进攻百越。在开始作战的时候，秦始皇凭借着自己强大的军事实力初战告捷。越人遭受重创，首领译吁宋被杀。但是岭南多山路，天气炎热而且多雨。秦军粮草供应不及时，且不熟悉水战，加上水土不服，士兵多被疾病困扰，战争形势开始发生变化。越人熟悉地形，而且深谙水战，他们趁秦军疲惫不堪的时候，发起猛烈攻击。秦军大败，"伏尸流血数十万"，主帅屠睢也被杀死。无奈之下秦始皇只能暂时撤兵。

公元前 217 年年末的时候，决心收服南越的秦始皇吸取了上次失败的教训，先行解决粮草在战争中供给不足的情况，令监察御史着手开凿水上的航运通道。接受了命令的史禄率领着军队和组织的民间力量，在今广西兴安县开山筑堤，穿越分水岭，凿深漓江上源河道，历时三年终于成功开凿出一条运河——灵渠。这条河把长江水系的湘江水和珠江水系的漓江水南北贯通起来，所有征战南越的战备物资都可以经过这条运河输送出去，彻底解决了供给不足的难题。建成之后，秦始皇又增兵再次南征。这一次，准备充足的秦军水军将士所向披靡，击溃了南越人的防守攻势。秦始皇随后统一了南北。

在上述故事中，秦始皇为了克服南越的地形特点，不惜花费三年之力，打通运粮河道，从而保证了战争的胜利。地形的作用在此可见一斑。

▄▄ 原文

视卒如婴儿，故可以与之赴深谿[1]；视卒如爱子，故可与之俱死。厚而不能使[2]，爱而不能令，乱而不能治，譬若骄子，不可用也。知吾卒之可以击，而不知敌之不可击，胜之半也[3]；知敌之可击，而不知吾卒之不可以击，胜之半也；知敌之可击，知吾卒之可以击，而不知地形之不可以战，胜之半也。

故知兵者，动而不迷[4]，举而不穷[5]。故曰：知彼知己，胜乃不殆[6]；知天知地，胜乃不穷[7]。

注释

①故可与之赴深谿：深谿，危险之地。（士兵）可与将领共患难。

②厚而不能使：厚待士卒而不能使用。

③胜之半也：取胜只有一半的把握。

④动而不迷：行动不迷失方向。

⑤举而不穷：措施变化无穷。

⑥殆：危险。

⑦胜乃不穷：方可百战百胜。

译文

对待士卒像对待婴儿，士卒就可以同他共患难；对待士卒像对待自己的儿子，士卒就可以跟他同生共死。如果对士卒厚待却不能使用，溺爱却不能指挥，违法而不能惩治，那就如同娇惯了的子女，是不可以用来同敌作战的。只了解自己的部队可以打，而不了解敌人不可打，取胜的可能只有一半；只了解敌人可以打，而不了解自己的部队不可以打，取胜的可能也只有一半；知道敌人可以打，也知道自己的部队能打，但是不知道地形不利于作战，取胜的可能性仍然只有一半。

所以，懂得用兵的人，他行动起来不会迷惑，他的战术变化无穷。所以说：知彼知己，胜乃不殆；知天知地，胜乃可全。

兵法智慧

孙子在这里阐述了用兵的基本原则，即善待士卒的同时，要能够驾驭士卒，让士卒可以拼死奋战。而驾驭的前提是了解，一个将领一定要充分了解自己士卒的具体情况，同时还要了解敌人的情况，以判定可不可以获胜。在历史上有一个很会用兵的人，他就是春秋时期的吴起。

吴起是卫国人，曾经向曾子求学，奉事鲁国国君。齐国的军队攻打鲁国，鲁君想任用吴起为将军，而吴起娶的妻子却是齐国人，因而鲁君怀疑他。当时，吴起一心想成名，就杀了自己的妻子，用来表明他不亲附齐国。鲁君最终任命他做了将军，率领军队攻打齐国，把齐军打得大败。

这时鲁国有人诋毁吴起说："吴起为人是猜疑残忍的。他年轻的时候，家里积蓄足有千金，在外边求官没有结果，把家产也花尽了，同乡邻里的人笑话他，他就杀掉三十多个讥笑自己的人，然后从卫国的东门逃跑了。他和母亲诀别时，咬着自己的胳膊狠狠地说：'我吴起不做卿相，绝不再回卫国。'于是就拜曾子为师。不久，他的母亲死了，吴起最终还是没有回去奔丧。曾子瞧不起他，和他断绝了师徒关系。吴起就到鲁国去，学习兵法来奉事鲁君。鲁君怀疑他，吴起就杀掉妻子表明心迹，用来谋求将军的职位。鲁国虽然是个小国，却有着战胜国的名声，诸侯各国自然就要谋算鲁国了。况且鲁国和卫国是兄弟国家，鲁君要是重用吴起，就等于背弃了卫国。"鲁君听到这番话后，就开始疏远吴起。

这时，吴起听说魏国文侯贤明，想去奉事他。文侯问李克说："吴起这个人怎么样啊？"李克回答说："吴起贪恋成名而爱好女色，然而要论带兵打仗，就是司马穰苴也比不上他。"于是魏文侯就任用他为主将，攻打秦国，夺取了五座城池。

吴起做主将，与最下等的士兵穿一样的衣服，吃一样的伙食，睡觉不铺垫褥，行军不乘车骑马，亲自背负着捆扎好的粮食和士兵们同甘共苦。有个士兵生了恶性毒疮，吴起替他吸吮毒液。这个士兵的母亲听说后放声大哭。有人说："你儿子是个无名小卒，将军却亲自替他吸吮毒液，你怎么还哭呢？"这位母亲回答说："不是这样啊，从前吴将军替他父亲吸吮毒疮，他父亲在战场上勇往直前，死在了敌人手里。如今吴将军又给他儿子吸吮毒疮，我不知道他又会在什么时候死在什么地方，所以我才哭。"

　　吴起在司马迁的《史记》里是一个目的性很强的人，他为了功名利禄不惜一切，但也确实是个懂得怎样驾驭士兵的人。他能够了解士兵的心态，知道怎样能够取得他们的信任，使他们战斗起来不惜生死。

第十一篇

九地篇

曹操曰：欲战之地有九。

题解 ___

　　"九地"即指散、轻、争、交、衢、重、圮、围、死九种，不同地形有不同的应战方式，因此将帅要发挥主观能动性应地之变而谋之。因而提出"兵贵神速""深入则专""围则御，不得已则斗，过则从""践墨随敌，以决战事"等主动进攻的军事思想。

　　孙武在本篇中主要论述深入敌国作战时，在不同的地区要采取不同作战方法的问题。

　　孙武在这里说的"地"，有别于前面其他各篇。他指出的"九地之变，屈伸之利，人情之理，不可不察"的论述，给将帅以这样的提示：要取得战争的胜利，就要实施主动灵活的作战指导，即在不同地域要采取不同的行动方案，遇到不同情况要采取不同的战法。同时要了解和掌握指战员的思想变化规律。根据这一战争观，他具体地提出了根据不同情况要采用不同的战略战术。深入敌境作战，主张战略进攻的速胜战，攻其不备，出其不意，使"敌不及拒"；战术上，他主张"并敌一向"，集中兵力，攻敌弱点，改变敌我态势；作战指挥上，他要求主动灵活，要"践墨随敌"，根据敌情变化，"以决战事"。这些论述都有非常现实的指导意义。

第十一篇　九地篇

▬ 原文

孙子曰：用兵之法：有散地①，有轻地②，有争地，有交地③，有衢地，有重地，有圯地，有围地，有死地。诸侯自战其地，为散地。入人之地而不深者，为轻地。我得则利，彼得亦利者，为争地。我可以往，彼可以来者，为交地。诸侯之地三属④，先至而得天下之众者，为衢地。入人之地深，背城邑多者，为重地。行山林、险阻、沮泽，凡难行之道者，为圯地。所由入者隘，所从归者迂，彼寡可以击吾之众者，为围地。疾战则存，不疾战则亡者，为死地。是故散地则无战，轻地则无止⑤，争地则无攻，交地则无绝⑥，衢地则合交⑦，重地则掠⑧，圯地则行，围地则谋，死地则战。

注释

①散地：诸侯于其领地作战，士兵思家易溃散。

②轻地：入敌国未深，士兵思家亦轻易退却。

③交地：道路交错，往来方便之处。

④三属：三国交界之处。

⑤无止：不宜停留。

⑥无绝：联络不宜断绝。

⑦合交：加强与诸侯国交往。

⑧掠：深入敌区，掠取粮草以维持补给。

译文

孙子说：按照用兵的原则，军事上有散地、轻地、争地、交地、衢地、重地、圮地、围地、死地。诸侯在本国境内作战的地区，叫作散地。在敌国浅近纵深作战的地区，叫作轻地。我方得到有利，敌人得到也有利的地区，叫作争地。我军可以前往，敌军也可以前来的地区，叫作交地。多国相毗邻，先到就可以获得诸侯列国援助的地区，叫作衢地。深入敌国腹地，背靠敌人众多城邑的地区，叫作重地。山林、险阻、沼泽等难于通行的地区，叫作圮地。行军的道路狭窄，退兵的道路迂远，敌人可以用少量兵力攻击我方众多兵力的地区，叫作围地。迅速奋战就能生存，不迅速奋战就会全军覆灭的地区，叫作死地。因此，处于散地就不宜作战，处于轻地就不宜停留，遇上争地就不要勉强强攻，遇上交地就不要断绝联络，进入衢地就应该结交诸侯，深入重地就要掠取粮草，碰到圮地就必须迅速通过，陷入围地就要设计脱险，处于死地就要力战求生。

兵法智慧

孙子在这里主要介绍了两军相交之地根据不同的情况有着不同的名称，以及处于不同的情况下，所应采取的军事策略。在行军打仗的过程中确实会遇到很多不同的地势，精明的领兵者应该根据战争中出现的不同情况采取不同的战略，通过灵活的方式对待战争。

南燕是鲜卑族慕容德在前秦瓦解后建立的一个政权，北与北魏相邻，南与东晋相接。南燕主慕容超从义熙二年（公元406年）开始，多次派兵南下侵扰淮北一带。义熙五年（公元409年）二月，刘裕为抗击南燕，就上书朝廷要求率军北伐。当时，北方正处于大分裂时期，北魏、后秦、大夏、南凉、西秦、南燕等政权战乱不断，彼此牵制，这就为刘裕的北伐创造了有利的战机。

义熙五年（公元409年）四月，刘裕率十万大军，自建康（今南京）出发，率舟师自淮水入泗水。五月，进抵下邳（今江苏邳县西南），然后留下船舰、辎重，步行至琅邪（今山东临沂）北进。经过的地方，皆筑城留兵防守，以防被敌军切断后方的粮道。当时有人认为："我军深入，燕军必定拒守大岘山（今山东临朐县东南）或坚壁清野，断我粮草。"但刘裕说："此事我早已深思熟虑，南燕主慕容超贪得无厌且没有谋略，认为我军深入，难以持久，燕军应当进据临朐（今属山东），退守广固，一定不会拒守大岘山或坚壁清野。我军一进大岘山，后无退路，必有决死之心，完全有把握战胜敌人。"

南燕主慕容超得知晋军北伐，便召集群臣商议应对之策。征虏将军公孙五楼主张扼守大岘山，使晋军不能深入，挫其锐气，然后坚壁清野，再命驻守在梁父（今山东泰安南）之师与我军腹背夹击晋军。但是，慕容超不以为然，他认为："晋军跋涉远途必定疲惫，气势不能长久。而且我据五州之地，国富兵强，放晋军过了大岘山，然后派精兵必定能击溃。"于是下令撤回莒县及梁父的守军，放弃了在大岘山的防御。

五月，刘裕不费吹灰之力通过了大岘山，不禁大喜，对部下说："我军已通过险要之地，将士必定抱有死战之心，现在粮食遍野，没有粮草之忧，定能稳操胜券。"六月，刘裕率军进抵东莞（今山东沂水），慕容超才派遣公孙五楼等率步骑四万据守临朐，后听说晋军已通过大岘山，又亲率步骑四万增援临朐。

晋军过了大岘山，进入平原，为了防范南燕骑兵的突袭，刘裕将四千辆战车分为左右两翼，步兵夹在车兵之间，骑兵则在两翼及车后负责警戒掩护，大军慢慢向前推进。晋军进至临朐南数里时，慕容超派铁骑万余前后夹击。双方激战了很长时间，也没有分出胜负。这时，晋参军胡藩向刘裕献计说："燕军倾巢而出，临朐城内必定空虚，可派奇兵绕到燕军的后面，乘虚攻克临朐。"刘裕采纳了胡藩的建议，命胡藩、植韶、向弥等率领部队秘密绕到燕军背后，直取临朐。临朐城内防守空虚，被晋军一举攻克，燕军军心动摇，纷纷溃逃，慕容超单骑逃往城南左将军段晖营中。刘裕得知晋军已经攻克临朐，截断了敌军的后路，便纵兵追击，大败燕军，段晖等十余名将领被杀，慕容超率残部逃回广固。刘裕乘胜追击，进攻广固，夺取并占领了广固外城。慕容超等人退守内城，刘裕派兵围困内城，招降纳叛，来分化瓦解敌人。慕容超先后派尚书郎张钢、尚书令韩范，驰往后秦求援。七月，后秦主姚兴派使臣向刘裕宣称："后秦已在洛阳屯兵十万，如果晋军不退兵，当长驱而进。"刘裕识破其是虚张声势，不为所动。慕容超见救兵无望，想割地请和，向东晋俯首称臣，遭到了刘裕的拒绝。九月，刘裕截获了前往后秦借兵的韩范，押解着韩范在广固城外游行，以示后秦救兵无望，城内南燕守军陷入惊恐之中。十月，南燕降臣张纲帮助晋军制成飞楼、冲车等各种攻城器具，使燕军的矢石难以生效。义熙六年（公元410年）二月，刘裕率军四面急攻，燕尚书悦寿开门迎晋军入城。慕容超突围时被俘，押送至建康被杀，南燕灭亡。

在这一战中，刘裕对敌人的情况可以说是了如指掌，然后利用敌人的弱点和失误，扬长避短，以战车阻燕军精骑，在采取军事进攻的同时，又使用心理瓦解的方法，最终大获全胜。

当在现实生活中遇到此类问题时，如果你能对自己的能力有个清楚的认识，同时又善于分析问题的根源所在，找到突破口，就能把握事情的走向，掌握主动，稳扎稳打，攻克难题。这也正好符合孙子所说的"知己知彼，百战不殆"。

▅▅ 原文

所谓古之善用兵者，能使敌人前后不相及，众寡不相恃①，贵贱②不相救，上下不相收③，卒离而不集，兵合而不齐。合于利而动，不合于利而止。敢问：敌众整而将来，待之若何？曰：先夺其所爱④，则听矣。兵之情主速，乘人之不及，由不虞之道，攻其所不戒也。

注释

①众寡不相恃：主力与分支不能相互依靠。

②贵贱：指官、兵。

③上下不相收：上下不能相互联络。

④所爱：敌方重地。

译文

从前善于指挥作战的人，能使敌人前后部队不能相互策应，主力和小部队无法相互依靠，官兵之间不能相互救援，上下级之间不能互相联络，士兵分散不能集中，合兵布阵也不整齐。对我方有利就打，对我方无利就停止行动。试问：敌人兵员众多且又阵势严整向我发起进攻，那该用什么办法对付呢？回答是：先夺取敌人最在意的，这样就会听从我方的摆布了。用兵之道贵在神速，要乘敌人措手不及的时机，走敌人意料不到的道路，攻击敌人没有戒备的地方。

◾ 兵法智慧

在这里，孙子首先谈了对敌作战时要尽量用各种办法，分散敌人的作战力量。但是如果棋逢对手，敌人的布阵简直无懈可击的时候，该怎么对付呢？孙子认为要"先夺其所爱"，意思是说夺取敌人最在乎的。把敌人最关心的控制住，那么敌人就会被牵制。另外，在夺敌所爱的时候，用兵一定要出其不意，速度还要快。

在春秋战国时期，各诸侯国为了各自的利益相互混战。公元前

354 年，魏王为了报赵国强占中山郡之仇，打算派大将庞涓去攻打赵国。中山郡本来是魏国北面的一个小国，后来被魏国收服。赵国趁着魏国不防备的时候，派兵强占了去。魏王一直对此耿耿于怀，意图收复中山郡。

被委以重任的大将庞涓认为中山郡不过是弹丸之地，又距离赵国很近，不如直接进攻赵国的都城邯郸。这样既能报了仇，说不定又能夺取赵国的土地。魏王认为庞涓说得有理，于是立即拨了五百辆战车，让庞涓领兵直奔赵国的国都邯郸而去。

赵国得到这个消息后，都很惊慌。赵王派人送信，向齐国求救，并承诺如果解了邯郸之围，就把中山郡划给齐国。齐威王觉得值得一战，就派田忌为大将，并起用从魏国救回来的孙膑为军师。

孙膑很有军事才能，他和魏国的大将庞涓曾经拜同一个老师学习兵法。庞涓深知自己的才能远远比不上孙膑，于是先把孙膑推荐给魏王，等孙膑到了魏国之后，又设计陷害他，让人挖去了孙膑的两个膝盖，并在脸上刺了字。孙膑知道真相后，装疯卖傻迷惑庞涓，后来伺机逃到了齐国。

如今孙膑和庞涓终于要相逢于战场。在商量对敌之策的时候，田忌本来打算起兵直奔赵国的邯郸，与魏国的大军正面相对。但是孙膑认为：此次救赵就像要解开相互缠绕的绳子，齐军不能陷身于混战之中。要排解纷争，应该先置身事外，看准要害，使双方有所顾忌而自然分开。此时魏国倾全国之力攻打赵国，其国内一定空虚，不如直接攻打魏国，这样庞涓一定先回师救魏，如果在路上设下埋伏，魏军定败无疑。田忌认为孙膑说得很有道理，就按照他的计策，直接发兵伐魏。庞涓果然迅速回师，在路上遭到了孙膑的伏击。魏军长途跋涉，又毫无准备，被齐军大败。庞涓勉强收拾残部，无奈退回魏国的大梁。齐军大胜，赵国也解了围。

在围魏救赵的战役中，魏国一门心思想攻下赵国，而且为之投入了大量的人力和物力。但是相对于攻下赵国来说，魏国的安全才是庞涓及其军队最在乎的事。孙膑抓准时机，在半路设下埋伏，出其不意地攻击魏军，取得了这次救援的大胜利。

在现实生活中，面对困难需要解决的时候，不要不加思考就盲目应战。如果能抓住对方的弱点加以利用，事情就会有意想不到的转机。

▌ 原文

凡为客①之道：深入则专②，主人不克③；掠于饶野，三军足食；谨养而勿劳，并气积力；运兵计谋，为不可测④。投之无所往，死且不北⑤；死焉不得⑥，士人尽力。兵士甚陷则不惧，无所往则固，深入则拘⑦，不得已则斗。是故，其兵不修而戒，不求而得，不约而亲，不令而信，禁祥去疑⑧，至死无所之。吾士无余财，非恶货也；无余命，非恶寿也。令发之日，士卒坐者涕沾襟，偃卧者涕交颐，投之无所往，诸、刿⑨之勇也。

注释

①客：入敌国作战之客军。

②深入则专：深入敌境，军心专一。

③主人不克：被攻一方不能击退来犯的军队。

④为不可测：使敌人难测动向。

⑤投之无所往，死且不北：置于无路可走之境，士卒宁死不退。

⑥死焉不得：不怕死则无不可得。

⑦深入则拘：深入敌国，军心专一不涣散。

⑧禁祥去疑：禁迷信，去疑惑。

⑨诸、刿：春秋时期吴国的勇士专诸、鲁国的武士曹刿。

译文

在敌国境内进行作战的一般规律是：越深入敌国腹地，我军军心就越稳固，敌人就越不易战胜我们。在敌国丰饶地区掠取粮草，部队供给就有了保障。要注意休整部队，不要使其过于疲劳，保持士气，养精蓄锐。部署兵力，巧设计谋，使敌人无法判断我军的意图。将部队置于无路可走的绝境，士卒就会宁死不退。士卒既能宁死不退，那么他们怎么会不殊死作战呢！士卒深陷危险的境地，就不再存有恐惧，一旦无路可走，军心就会牢固，深入敌境，军队就不会离散，遇到迫不得已的情况，军队就会殊死奋战。因此，不须整饬就能注意戒备，不用强求就能完成任务，无须约束就能亲密团结，不待申令就会遵守纪律，禁止占卜迷信，消除士卒的疑虑，他们至死也不会逃避。我军士卒没有多余的钱财，并不是不爱钱财；士卒置生死于度外，也不是不想长寿。当作战命令颁布之时，坐着的士卒泪沾衣襟，躺着的士卒泪流满面，但把士卒置于无路可走的绝境，他们就都会像专诸、曹刿一样的勇敢。

兵法智慧

"为客之道，深入则专"中的"客"即去他国做客的士兵，这是一种委婉的说法，实际指的是去他国领土作战的士兵。"深入则专"，越是深入敌国内部越是军心稳固，别无旁骛。在这里，孙子说的是把人置之于死地的作用，人都有一种潜能，在绝望的境地士兵反而会抛弃心中所有的顾虑，愈发英勇地作战。

为大汉建基立业立下汗马功劳的韩信在他的成名战"井陉之战"中，实现了以三万新兵大胜赵二十万精兵的神话。士兵们在井陉河边，以一当十，背水一战，历来为兵家们研究和称颂。

公元205年，楚霸王项羽大败刘邦于彭城（今江苏徐州），项羽气焰正盛。刘邦采纳张良等人提出的正面防守、敌后骚扰、侧面发展的作战方针，命大将韩信开辟黄河以北的战场，消灭北方的割据势力。韩信顺利收服了魏、夏，后率领新招募的三万新兵向赵地进发。赵王歇和赵国大将陈余听说后立即率领号称二十万之师的军队，防守于井陉。陈余手下的李左军向陈余建议："韩信的部队连续攻下了魏、夏，士气正旺，不宜正面作战。韩信千里行军，粮食等作战物资需要外运，不如带一部分兵力切断他们的粮道。而正面军高筑壁垒，拒不应战，如此以逸待劳，汉军不出十日不战自溃。"而陈余却以"义兵不以诈谋奇计"拒绝了他。

韩信听到消息后，暗自高兴。一天夜里，韩信命两千轻骑每人手拿一把红旗，迂回潜伏在赵军大营附近，准备趁隙袭击敌军的大营。又命一万人马为先锋，渡过井陉口，背靠河水列兵布阵。第二天清早，赵军发现汉军没有退路的阵势，都笑韩信不懂阵法。

韩信亲率大军打了过去，赵军满怀信心应战。双方激战一阵子后韩信命将士们丢旗弃鼓，佯装退败。赵军果然上当，追至河边。不想汉军见河无架梁，也无援兵，河水湍急，除了前进别无选择。于是汉兵个个拼死厮杀，两军相持不下。两千轻骑趁着赵军大营空虚无防守，轻松攻陷了敌军老巢，并把自己的旗子插遍各个角落。等到赵军想退回大营暂做休整时，才发现敌军旗帜飘扬，大营被汉军占领了。赵军惊恐大乱，纷纷散逃，汉军乘胜追击，以三万未经训练的新兵大败号称二十万兵力的赵军之师。

在战后，韩信说他是利用了把军队置于绝望的境地，以激发军队的战斗力，结果成功了。

生活中有些人在自己的工作岗位上，已经做出了一定的成绩，但很难有进一步的飞跃，因为他们放不下自己已经拥有的成绩和已经挣来的功名。在重重的顾忌中，让自己的创造力和闯劲一点一点地消耗殆尽。在这种情况下，"深入则专"给予了我们很好的启示，那就是让自己无路可退，尽全力往前冲。因为人的潜能是无限的，如果处于无路可走的情况下，人就会调动起全身细胞的兴奋性，创造出无限的可能。

▰▰▰ 原文

故善用兵者，譬如率然①。率然者，常山之蛇也，击其首则尾至，击其尾则首至，击其中则首尾俱至。敢问：兵可使如率然乎？曰：可。夫吴人与越人相恶也，当其同舟而济，遇风，其相救也如左右手。是故方马埋轮，未足恃也②；齐勇若一，政之道也；刚柔皆得，地之理也。故善用兵者，携手若使一人，不得已也。

注释

①譬如率然：能使部队自我策应如同率然蛇一样。

②是故方马埋轮，未足恃：所以，想用缚住马缰、深埋车轮这种显示决心死战的办法来稳定部队，是靠不住的。

译文

善于指挥作战的人，能使部队自我策应如同率然蛇一样。"率然"是常山的一种蛇，打它的头部，尾巴就来救应；打它的尾，头就来救应；打它的腰，头尾都来救应。试问：可以使军队像"率然"一样吗？回答是：可以。吴国人和越国人是互相仇视的，但当他们同船渡河而遇上大风时，他们就会相互救援，就如同人的左右手一样。所以，想用缚住马缰、深埋车轮这种显示决心死战的办法来稳定部队，是靠不住的。要使部队能够齐心协力，奋勇作战如同一人，关键在于部队管理有方。要使强弱不同的士卒都能发挥作用，在于恰当地利用地形。所以善于用兵的人，能使全军上下携手团结如同一人，因为客观形势迫使部队不得不这样做。

■ 兵法智慧

在这里，孙子引用常山率然蛇形象地说明部队应该呈现出来的作战面貌。如果部队是由一个个独立的人组成的队伍，在作战的时候应该像率然蛇一样化为一个整体，灵活而又团结。能够让万人同心的关键人物是领兵者，领兵者正确、开明、先进的管理方法不仅能够使部队上下一心，还能够使士兵们的才能都得到发挥。千万人团结一致，同仇敌忾，甚至作战的时候心有灵犀，这样的部队将是神勇无敌、不可战胜的。

相传从前有一个国家叫吐谷浑国，国王阿豺有二十个儿子。他这二十个儿子个个都本领高强，难分高下。可是他们都自恃本领高强，不把别人放在眼里，认为自己才是最厉害的那一个。这二十个儿子常常明争暗斗，见面就互相讥讽，在背后也总爱说对方的坏话。

阿豺见到儿子们互不相让，很是忧心，他明白敌人若是利用兄弟不和睦的局面来将他们各个击破，那样国家就危险了。阿豺常常利用各种机会和场合苦口婆心地教导儿子们停止互相攻击、倾轧，要相互团结友爱。可是儿子们对父亲的话从来都是阳奉阴违，表面上装作遵从教诲，暗地里依旧我行我素。

阿豺的年纪一天天老去，他明白自己已经时日无多。可是自己死后儿子们怎么办呢？如果没有人调解他们之间的矛盾，那国家不是要四分五裂了吗？怎样才能让他们懂得应该团结起来呢？阿豺越来越忧心忡忡。

终于有一天，久病在床的阿豺预感到大限将到，他把儿子们召集到病榻前，吩咐他们说："你们每个人都放一支箭在地上。"儿子们不知道父亲到底是什么意思，但还是照办了。

阿豺叫来自己的弟弟慕利延说："你随便拾一支箭折断它。"慕利延顺手捡起身边的一支箭，稍一用力，箭就断了。阿豺又说："现在你把剩下的十九支箭捆在一起，再试着折断。"慕利延照着他说的话去做，抓住箭捆，使出了全身的力气也没能将箭捆折断。

阿豺对儿子们语重心长地说："你们都看到了，一支箭轻轻一折就断了，可是合在一起的时候，就没那么容易折断了。你们兄弟也是如此，如果互相斗气，单独行动，很容易被人趁机击败，如果二十个人联合起来，齐心协力，就可以坚不可摧，战胜一切，这样国家安全才有保障。"

儿子们终于领悟了父亲的良苦用心，他们为自己过去的行为感到悔恨，他们流着泪说："父亲，我们明白了，您就放心吧！"

阿豺见儿子们已经真心悔过，放心地点了点头，闭上眼睛安然离世了。

在一个团队中，管理者如何培养团队凝聚力呢？

首先，一个团队要有一个共同的、值得奋斗的目标，在共同实现目标的过程中，大家都应该有共同的价值观和行为准则。这就需要团队管理者不时引导，并制订相应的行为规范。

第二，团队管理者要以身作则。对于团队的各种规定，领导者要以身体力行的方式去实践，会胜过分强调的语言的百倍。在这样做的同时，树立自己的威信，从而保证管理的有效性。

第三，保持沟通渠道的畅通。无论是员工之间还是上下级之间，无障碍的沟通会使团队更融洽，工作氛围更愉悦，如此会形成良性循环，在沟通中去除障碍，增加团队凝聚力。

▬ 原文

将军之事，静以幽①，正以治②。能愚士卒之耳目，使之无知；易其事，革其谋，使人无识；易其居，迂其途，使人不得虑③。帅与之期④，如登高而去其梯；帅与之深入诸侯之地，而发其机⑤，焚舟破釜，若驱群羊，驱而往，驱而来，莫知所之⑥。聚三军之众，投之于险，此谓将军之事也。九地之变，屈伸之利⑦，人情之理，不可不察。

注释

①静以幽：冷静沉着、幽深莫测。

②正以治：治军公正严明。

③不得虑：不知其行动意图。

④帅与之期：主帅向部下下达任务。

⑤而发其机：如击弩出箭，可往而不可返。

⑥莫知所之：不知向何处去。

⑦屈伸之利：根据情况而攻防进退。

译文

主持军事行动，要做到考虑谋略沉着冷静而幽深莫测，管理部队公正严明而有条不紊。要能蒙蔽士卒的视听，使他们对于军事意图毫无所知；变更作战部署，改变原定计划，使人无法识破真相；不时变换驻地，故意迂回前进，使人无从推测意图。将帅向军队赋予作战任务，要像使其登高而抽去梯子一样。将帅率领士卒深入诸侯国土，要像弩机发出的箭一样一往无前。对待士卒如驱赶羊群一样，赶过去又赶过来，使他们不知道要到哪里去。集结全军，把他们置于险境，这就是统帅军队的要点。九种地形的应变处置，攻防进退的利害得失，全军上下的心理状态，这些都是作为将帅不能不认真研究和周密考察的。

兵法智慧

在这里，孙子从两个方面对将帅提出了要求：一方面，要沉着冷静；另一方面要严格公正。因为战争对将帅的依赖性强，将帅的抉择会直接影响到军事行动的成败与否，因此需要一个有勇有谋、沉着冷静、能够面对战争中各种突变情况而临危不惧的人作为将帅。从军队管理的角度来说，一支训练有素、上下一心、纪律严明的部队，执行战争指令时更能步调一致，迅速有效。这样一来，士卒们才能严守军规，达到威军和上行下效的目的。这些情况具备以后，实行作战计划时，将帅要根据实际情况对战术做相应的隐瞒，使得战术和计划得以顺利执行，另外巧妙地让士卒觉得已无退路可走，从而激发士气获得成功。

三国时期蜀汉之主刘备并不仅仅是会拉拢感情的君主，他统治的蜀汉之军也有严明的制度，赏罚分明。

对在战争中有功和有才能的将领，刘备慷慨大方，在生活上给予厚禄，在面子上也给予很大的荣光，满足他们的物质需求和情感需求。而且刘备在对待文臣武将方面没有偏见，能够对在战场上奋勇杀敌的勇士论功行赏，同时也能够对出谋划策的谋臣封侯拜相。

赤壁之战后，孙刘联军大获全胜。刘备在荆州论功行赏，关羽被任命为襄阳太守、荡寇将军，镇守荆州；张飞被任命为宜都太守、征虏将军、新亭侯。因为两人的战功显赫，其他将领心服口服，无上的荣耀也在很大程度上激励了他们。在满足将领们功名的同时，刘备也对下属赏以真金白银。益州之战大胜之后，刘备在资源充足的情况下，重赏有功之臣。诸葛亮、法正、关张等人，每人黄金五百斤、白银千斤、钱五千万、锦千匹，非常丰厚。

刘备在封赏军功的时候，从不迟缓。但是将领们犯了错误的时候，刘备也从不护短，总是公正严明地进行惩戒。

刘封是刘备的义子，跟随刘备征战多年。虽然没有多么显赫的战功，但是从来都尽心不惜力。而且他力大无穷，英勇善战，是一名虎将。但刘封没有听从调遣，出兵救援关羽，同时因长期与孟达不和，致使孟达以此为借口叛国降敌。

刘备没有因为刘封义子的身份而姑息，忍痛杀了刘封。刘备顾全大局、大义灭亲的做法，使军中上下敬服，严肃了军纪，也稳定了军心，让全体官兵更加拥戴。

五虎上将的猛张飞，性格粗暴，而且好喝酒，酗酒之后经常鞭挞士兵。有一次，张飞在喝醉后鞭打士兵被刘备碰上了，刘备命几个士兵把张飞绑起来丢进水里。等张飞酒醒了之后，刘备当面责备了他，并警戒他如果再犯就军法处置。

姜子牙和周武王曾经讨论过如何治理军队，武王问："将由何以立威？何以明察？何以禁止而令行？"姜子牙说："四个字——信赏必罚。"而刘备之所以能够让三军忠心不二，正是因为在统军的时候，能够公正严明地对待自己帐下的官兵，赏罚分明。

如果你想自己的团队取得成绩，团队的成员们稳定且又有归属感，就必须公正严明，不偏私不袒护，树立健康向上的团队氛围。

▃▃▃ 原文

凡为客之道：深则专，浅则散。去国越境而师者，绝地也。四达者，衢地也。入深者，重地也。入浅者，轻地也。背固前隘者，围地也。无所往者，死地也。是故散地，吾将一其志；轻地，吾将使之属①；争地，吾将趋其后；交地，吾将谨其守；衢地，吾将固其结②；重地，吾将继其食③；圮地，吾将进其涂④；围地，吾将塞其阙⑤；死地，吾将示之以不活。故兵之情：围则御，不得已则斗，过则从⑥。

注释

①使之属：队伍相连，营垒相属。

②固其结：与诸侯结盟。

③继其食：保证军粮供应。

④进其涂："涂"同"途"。迅速通过。

⑤阙：同"缺"，指缺口。

⑥过则从：陷入险境，士卒无不听从。

译文

在敌国境内作战的规律是：深入敌境则军心稳固，浅入敌境则军心容易涣散。进入敌境进行作战的称为绝地；四通八达的地区叫作衢地；进入敌境纵深的地区叫作重地；进入敌境浅的地区叫作轻地；背有险阻前有隘路的地区叫围地；无路可走的地区就是死地。因此，在散地，要统一军队的意志；在轻地，要使营阵紧密相连；在争地，要迅速出兵抄到敌人的后面；在交地，就要谨慎防守；在衢地，就要巩固与列国的结盟；入重地，就要保障军粮供应；在圮地，就必须迅速通过；陷入围地，就要堵塞缺口；到了死地，就要显示死战的决心。所以，士卒的心理状态是：陷入包围就会竭力抵抗，形势逼迫就会拼死战斗，身处绝境就会听从指挥。

■ 兵法智慧

在这里，孙子讲了遇到不同地势要采取的不同策略，在这几种不同的地势当中，除了死地都是有机可乘的，都有突破的缺口。但是如果遭遇死地怎么办呢？孙子的观点是"死地，吾将示之以不活。故兵之情：围则御，不得已则斗，过则从。"意思是说，到了死地就要显示死战的决心。所以，士卒的心理状态是：陷入包围就会竭力抵抗，形势逼迫就会拼死战斗，身处绝境就会听从指挥。也就是所说的"置之于死地而后生"。虽然士兵面对的是绝境，但如果将领有杀敌的决心和视死如归的气概，那么士兵们也会异常团结和英勇地去拼死一战，而事情的结果往往是绝处逢生，取得意想不到的胜利。

明朝末年，国力衰微，骁勇善战的努尔哈赤频频犯境，令明朝的文臣武将闻风丧胆。

公元 1626 年初，努尔哈赤率军六万（号称二十万），挺进宁远。明朝得到消息后，朝野震动，人心惶惶。兵部尚书王永光和众臣商议退敌之策，无果。高第尽撤关外戍兵，欲弃宁远退守山海关。当时袁崇焕、孙承宗驻守宁远，认为宁远是战略要地，坚持防守。高第和总兵杨麒龟缩山海关，拥兵不救。其他领兵者要出关救援，被高第勒令退回。"关内援兵，无一至"，袁崇焕被迫独守宁远。努尔哈赤的大军所到关外之城如入无人之境，所有城内官兵退守关内，八旗军直奔宁远而来。袁崇焕前有强敌后无救援，城中士卒不足两万人，但城中兵民"死中求生，必生无死"，誓与城共存亡。

袁崇焕在战前和将士们分析敌情，认为八旗兵擅长城外野战，且实力强大，宁远是孤城，没有援兵，所以只能扬长避短，凭坚城拼死固守，无论如何不出战。袁崇焕守卫宁远的要略是：孤守、死守、固守。袁崇焕携众将士刺血为盟，激以忠义，将士们群情激奋，誓死守御宁远。

袁崇焕高筑战台，架设多门红衣大炮，并派人按城中的四个守卫点编派民夫，供给守城将士饮食。又派卫官裴国珍带领城内商民运矢石，送弹药。宁远城中军民一体，相互合作，同命运，共生死，共同抵抗后金进犯。袁崇焕还用重金奖赏勇士，同时严查奸细。一切准备就绪，袁崇焕令将士们偃旗息鼓，以静制动。

战役终于打响，后金的兵士们架上梯子蜂拥攻击。明军凭坚城固守，在城墙之上射箭发炮。万矢齐射，箭镞如雨注，悬牌似猬皮。明军充分发挥红衣大炮的威力，以城护炮，以炮卫城。后金兵士虽死伤无数，但是前仆后继，冒死不退，一部分士兵在死士的掩护下挖城掘墙，宁远城的南城岌岌可危。袁崇焕身先士卒，紧要关头左肩负伤，他割下战袍裹住受了伤的左肩，继续战争。士兵们见此情景，更加奋勇争先。袁崇焕令士兵们用芦花棉被和火药制成"万人敌"，烧杀挖城墙的后金兵士，"火星所及，无不糜烂"。后金将士从清晨攻到深夜，死伤无数，尸体堆积几乎没过城墙。次日，努尔哈赤稍加整顿，再次进攻。但仍久攻不下。

宁远之战是努尔哈赤进军明朝以来遭遇的第一次重大失败，在宁远大战后，努尔哈赤曾经惊问道："袁崇焕究竟是什么人，居然能重伤我们的军队？"

此次战役明显是一次以弱胜强的战役，在敌我实力如此悬殊的情况下，袁崇焕能够带领军民取得胜利，究其原因，在誓死一战的将领袁崇焕的带领下，宁远军民退无可退，人人抱着必死一战的决心，英勇奋战，最终打败看似不可战胜的八旗军。

生活中总会有突如其来的打击让我们绝望，总有一些意想不到的挫折让我们措手不及。面对挫折给我们带来的死地困境，只要你不惧艰险，决心一战，胜利就会出现，奇迹就能降临。

▄▄ 原文

是故不知诸侯之谋者，不能预交；不知山林、险阻、沮泽之形者，不能行军；不用乡导者，不能得地利。四五者①不知一，非霸王之兵也。夫霸王之兵，伐大国，则其众不得聚；威加于敌，则其交不得合。是故不争天下之交，不养天下之权，信己之私②，威加于敌，故其城可拔，其国可隳③。施无法之赏，悬无政之令，犯三军之众④，若使一人。犯之以事，勿告以言；犯之以利，勿告以害。投之亡地然后存，陷之死地然后生。夫众陷于害，然后能为胜败。故为兵之事，在于顺详敌之意，并敌一向，千里杀将。此谓巧能成事者也。

注释

①四五者：四加五为九，指九种地势。

②信己之私：倚靠自己的力量。

③其国可隳：隳（huī），毁坏。可摧毁敌国。
④犯三军之众：犯，驱使。指挥三军。

译文

因此，不了解诸侯列国的战略意图，就不要与之结交；不熟悉山林、险阻、沼泽等地形情况，就不能行军；不使用向导，就无法得到地利。这些情况如有一样不了解，都不能成为称王争霸的军队。凡是霸王的军队，进攻大国，能使敌国的军民来不及动员集中；兵威加在敌人头上，能够使敌方的盟国无法配合策应。因此，没有必要去争着同天下的诸侯结交，也用不着在各诸侯国里培植自己的势力，只要施展自己的战略意图，把兵威施加在敌人头上，就可以夺取敌人的城邑，摧毁敌人的国都。施行超越惯例的奖赏，颁布不拘常规的号令，指挥全军就如同使用一个人一样。向部下布置作战任务，但不说明其中意图；只告知利益而不指出危害。将士卒置于危地，才能转危为安；使士卒陷于死地，才能起死回生。军队深陷绝境，然后才能赢得胜利。所以，指导战争的关键，在于假装顺着敌人的战略意图，我方则集中兵力攻击敌人一处，哪怕奔袭千里也可斩杀敌将，这便是通常所说的机智能成就大事。

■ 兵法智慧

"并敌一向，千里杀将。此谓巧能成事者也。"意思是说：千里奔袭，斩杀敌将，这就是所谓的巧妙用兵，实现克敌制胜的目的。无论是根据地势灵活安排战局，还是在身陷死地的时候，不顾一切地拼杀都需要一个"勇"字。在有希望获胜的情势下，两军相交无疑是狭路相逢勇者胜，在死地的时候，地势的困境能够帮将士们激发出勇猛。

不是所有的鲸鱼都会生活在深海，蓝齿鲸就是一种浅水动物，它们生活的水深不超过四十米，如果它游到一百米以下的深水区，三分钟内它们身体里的氧气就会耗尽。所以，深水区是蓝齿鲸的危险区，一不小心就会葬身于此，在这三分钟内蓝齿鲸必须想办法回到浅水区，否则必死无疑。

但是蓝齿鲸的食物鼓嘴鱼生活的水深就在一百米以下，所以，蓝齿鲸每吃一顿饭，都只有三分钟的时间，从它生存的浅水区游到深水区就需要耗费一分钟，所以，留给它捕猎的时间就还剩下不到一分钟，如果不能及时游回到浅水区，它就会被憋死在那里。

但是多少年下来，蓝齿鲸却生存繁衍，代代相传。很少有蓝齿鲸会因为时间不够憋死在深海。因为在这三分钟里，它们发挥全部的潜能去提高自己的捕猎速度，以关乎生死的态度全力以赴，就这样它们在大海中生存繁衍了下来。

旱季，水鹿必须穿过草地去喝水，而承载着它们生命之源的沼泽里爬满了鳄鱼。如果水鹿放弃喝水，就不能生存，去喝水，就有可能被鳄鱼吃掉。鳄鱼捕猎的速度快的惊人，它从栖身地扑向水面的速度一般不超过两秒钟，水鹿在发现危险后，必须在这两秒钟内跳开，否则，它就会成为鳄鱼的美味。

整个旱季，水鹿每天都会在这两秒钟之内挣扎在生死线上，但水鹿大都万无一失，顺利地喝到了水。因为它们像蓝齿鲸一样，每次都会用尽全力，完成这一次次生命的挑战。

我们每一个人的身体里都有不可思议的潜能，在没有压力的情况下，每个人的潜能只能开掘很小的一部分。如果人们能够集中精神，下定决心做好某一件事，就一定能集中自己的全部精力和力量去完成它，直至取得胜利。

■ 原文

是故政举之日，夷关折符①，无通其使，厉于廊庙之上，以诛其事②，敌人开阖，必亟入之③，先其所爱，微与之期④，践墨随敌，以决战事⑤。是故始如处女，敌人开户；后如脱兔，敌不及拒。

注释

①夷关折符：封锁关卡，废除通行凭证。

②厉于廊庙之上，以诛其事：于庙堂密议军事策略。

③敌人开阖，必亟入之：敌有间隙，乘机而入。

④微与之期：不令敌约定交战日期。

⑤践墨随敌，以决战事：不墨守成规，应根据敌情变化而行事。

译文

因此，在决定发动战争的时候，就要封锁关口，废除通行凭证，不允许敌国使者往来，要在庙堂里再三谋划，做出战略决策。敌人一旦出现可乘之隙，就要迅速乘机而入，首先夺取敌人的战略要地，不要轻易与敌约期决战。要灵活机动，根据敌情来决定自己的作战行动。因此，战争开始之前要像处女那样沉静，诱使敌人放松戒备；战斗展开之后，则要像脱逃的野兔一样行动迅速，使敌人措手不及，无从抵抗。

■ 兵法智慧

"是故始如处女，敌人开户；后如脱兔，敌不及拒。"孙子用了两个形象的比喻来说明部队在备战和作战的时候应该呈现出来的状态。

在战争中有的时候要以静制动，但"静"毕竟不是战争中的常态，所以"静"是为了更好的"动"。

在战国时期，赵国有一个很有名的将领叫李牧，可以说是个常胜将军。赵国的北部边境经常遭到匈奴的侵扰，为了抵抗匈奴，赵武灵王修建了长城作为抵御，但是仍然抵挡不住匈奴人的进攻。后来赵孝成王命李牧镇守边关。

在与匈奴作战的时候，李牧采取的是坚守不战的策略，以守代攻。探得敌军来犯，李牧就收拾物资撤到城内。无论匈奴人怎样叫嚣，都坚决不出门应战，同时，他还命令将士们不准私自击杀匈奴，如有违反的人，就军法处置。另外李牧还加紧训练士兵。虽然几年下来，赵国没有什么损失。但是匈奴人都认为李牧是胆小鬼，不敢出门应战。就连李牧手下的将士们也都悄悄地议论，李牧不敢应战。消息传到了赵王的耳朵里，赵王也认为李牧的龟缩不战实在有辱赵国威武的名声。

于是赵王就调回了李牧，另外派了一员将领代替他。新任的将领来到边关之后，一股匈奴军来骚扰，他马上派一队人马出门应战。匈奴人是游牧民族，他们非常善于马上作战。结果赵军一出城就被匈奴人打败了。接下来，每次匈奴人来犯境，赵军都出战，但是每次都伤亡很大，百姓们也受到了侵扰。最后赵王只好召李牧重新镇守边境，李牧向赵王要求，必须依照自己的想法来对付匈奴，赵王答应了。

回到北部边境之后，李牧又恢复了以前的做法，静守不出，加紧训练士兵。同时不断地派人侦察匈奴人的动向，掌握军情。

就这样过了几年，将士每天训练，盼望着能有一天可以出城门与匈奴人决一死战。而匈奴人也认定李牧没有什么真本事，是个懦弱的人。

李牧看到时机成熟了，就准备一战。他精选了战车一千三百辆，又挑选出精壮的战马一万三千匹、勇敢善战的士兵五万人、优秀的射手十万人，并把挑选出来的车、马、战士统统严格编队，进行战斗训练。然后让一小部分士兵扮演村民漫山遍野地去放牧，以诱惑匈奴人。果然有一小股匈奴士兵来掠夺，李牧派兵攻击他们，没战多久就假装失败，往回逃跑，丢下了千百只牛羊。匈奴人一看，非常高兴，认为是个一举歼灭李牧的好时机，就带领了大军来战。李牧早就由探子那里听到了消息，他命人在匈奴来的路上埋伏了精兵。匈奴单于大军来到，还没有列阵准备好，李牧就下令出击。已经期待已久的将士们个个奋勇杀敌。匈奴人本来就非常轻视李牧，此次来只不过是想抢更多的财物，突如其来的拼杀让他们阵脚大乱。李牧看准时机，命埋伏的两翼骑兵突然夹击。匈奴大败，狼狈逃命。李牧又乘胜追击，杀得匈奴人不敢来犯。从此赵国北部边境安定了十余年。

李牧在对付匈奴的侵犯时，待势而动，动静相宜。在时机不成熟、赵国兵力尚且不是匈奴人的对手时，李牧坚守不战，积极训练士兵。经过长时间的养精蓄锐，等到时机成熟，李牧携部队奋勇杀出，取得了决定性的胜利。

在日常生活和职场中，我们也要懂得随机应变，不局限于常规，才能创造出更大的成就。

第十二篇

火攻篇

曹操曰：以火攻人，当择时日也。

题解 —

　　天气的变化对军队的行动有直接影响。孙武从这一客观实际出发，运用自然变化规律于战争中，在本篇提出了火攻战术，论述了火攻在战争中的重要作用及使用原则。他强调"凡军必知有五火之变"，要求作战指挥者要根据不同情况灵活地运用火攻战法（即火烧营寨、火烧积蓄、火烧辎重、火烧仓库、火烧粮道）。这种灵活地使用和变换战术的思想是进步的。

　　在本篇中他还指出："主不可以怒而兴师，将不可以愠而致战。"认为对我不利不行动，没有必胜的把握不用兵，不是迫不得已不交战。这种对战争持重的态度是正确的。

第十二篇　火攻篇

━━━ 原文

　　孙子曰：凡火攻有五：一曰火人[1]，二曰火积[2]，三曰火辎[3]，四曰火库[4]，五曰火队[5]。行火必有因[6]，烟火必素具。发火有时，起火有日[7]。时者，天之燥也；日者，月在箕、壁、翼、轸[8]也。凡此四宿者，风起之日也[9]。

注释

①火人：火，此处作动词用，焚烧。焚烧敌军人马。

②火积：积，积聚、积蓄，此处指粮草。焚烧敌军的粮草。

③火辎：焚烧敌军的辎重。

④火库：库，仓库。焚烧敌军的物资仓库。

⑤火队：焚烧敌军运输设施。

⑥行火必有因：行，实施。因，原因，此处指进行火攻的必备条件。指实施火攻必须具备一定的条件。

⑦发火有时，起火有日：应当根据天时条件而实施火攻。

⑧箕、壁、翼、轸：中国古代星宿的名称，是二十八宿中的四个。

其中，箕属东方苍龙七宿之一，壁属北方玄武七宿之一，翼、轸属南方朱雀七宿。

⑨凡此四宿者，风起之日也：凡月亮行经这四个星宿时，正是起风（便于火攻）的时候。

译文

孙子说：火攻共有五种形式，一是火烧敌军人马，二是焚烧敌军粮草，三是焚烧敌军辎重，四是焚烧敌军仓库，五是火烧敌军运输设施。实施火攻必须具备条件，火攻器材必须随时准备。放火要看准天时，起火要选好日子。天时是指气候干燥，日子是指月亮行经"箕""壁""翼""轸"这四个星宿所在位置的时候。月亮经过这四个星宿的时候，就是起风的日子。

兵法智慧

在冷兵器时代，火攻是一种很重要的作战方式。火攻可以节省兵力，有效地打击敌方兵力。《孙子兵法》正面系统地阐述了火攻，火攻有火人、火积、火辎、火库、火队五种方式，在作战的时候只要相应的条件具备，就可以发动火攻来帮助部队的正面进攻。

孙权夺取荆州并杀了关羽，把关羽的头割下来送给曹操。张飞因痛失二哥关羽，醉酒鞭打士兵，被手下的两个末将刺杀。刘备痛失多年的好兄弟，发兵伐吴，誓要替关羽报仇。吴国的将领陆逊知道蜀军锐气正盛，于是坚守不战。但是刘备报仇心切，不肯撤兵，双方成对峙之势。蜀军是远征，军备物资都是从远处运来的。吴兵又不肯应战，时值酷暑，天气炎热，蜀兵渐渐懈怠，士气低落。刘备为了缓解军队的酷热之苦，就命大军移到山林中安营扎寨，躲避暑热。陆逊经过观察，发现蜀军扎营四十里，冬用木栅相连，最宜用火攻破敌。于是在某个刮东南风的夜晚命士兵兵分三路，一路用船装茅草从水中进兵，一路进攻北岸，另一路士兵手执茅草，内藏硫黄，带上火种，到了蜀营顺风放火。蜀军争相溃逃，根本无法组织有效的抵抗。吴军趁机发起攻势，蜀军大败。

这就是《三国演义》里著名的陆逊火烧连营。陆逊借助火攻攻破蜀军，决定了猇亭之战蜀败吴胜的结果。

《三国演义》里有多处采用火攻的战役，值得注意的是，火攻是一种战略，要和兵攻结合在一起。火攻是前奏，兵攻才是主要目的。但是火攻的作用不可忽视，能够为兵攻造成有利的战机。

在现实生活中一个人要取得成功也要借助别人的力量，借助的目的是让自己更强大、更完美。有的时候能够得到一个真诚哪怕是猛烈的建议是无上珍贵的。所以有的时候，有人对你苛刻要求也许并不是一件坏事，我们能够在炼狱的三昧真火中淬炼成金。

事实上，一个人在生活中，都不是完美的，如果能够虚心听取他人意见，接受不同声音，则是完善自我的捷径。所以每个人都应该以宽大的胸怀，辩证的眼光对待不同声音。

■■■■■■ **原文**

凡火攻，必因五火之变而应之①。火发于内，则早应之于外②。火发兵静者，待而勿攻；极其火力，可从而从之，不可从而止。火可发于外，无待于内③，以时发之。火发上风，无攻下风④。昼风久，夜风止。凡军必知有五火之变，以数守之⑤。故以火佐攻者明，以水佐攻者强；水可以绝，不可以夺⑥。

注释

①必因五火之变而应之：因，根据、利用。应，策应、接应、采取对策。

②早应之于外：及早派兵在外面进行策应。

③无待于内：无，无须、不必。内，内应。不必等待内应。

④火发上风，无攻下风：上风，风向的上方。下风，风向的下方。梅尧臣注："逆火势，非便也。"

⑤以数守之：数，星宿运行度数，此处引申为实施火攻的条件。守，等待、等候。此句意为等候具备火攻的条件。

⑥夺：这里指焚毁敌人的物资器械。

译文

凡用火攻，必须根据五种火攻所引起的不同变化，灵活部署兵力策应。在敌营内部放火，就要及时派兵从外面策应。火已烧起而敌军依然保持镇静，就应等待，不可立即发起进攻。待火势旺盛后，再根据情况做出决定，可以进攻就进攻，不可进攻就停止。从外面放火，就不必等待内应，只要适时放火就行。从上风放火时，不可从下风进攻。白天风刮久了，夜晚就容易停止。军队都必须掌握这五种火攻形式，等待条件具备时进行火攻。用火来辅助军队进攻，效果显著；用水来辅助军队进攻，攻势必能加强。水可以把敌军分开隔绝，却不能焚毁敌人的军需物资。

■ 兵法智慧

古代战争史属冷兵器时代，火攻是有效的、伤亡最少的战术之一，因而得到古往今来许多军事家的推崇。然而，单一战术是具有局限性的，所以火攻要注意内外结合，若是天公不作美，突然下雨就会导致战术失败。孙子在这里提出，不应该拘泥于单一的战术安排，应该多管齐下，针对各种可能出现的情况作战术的预备，以防不时之需。在情况允许下，也可以以水攻助攻。

元末，朱元璋南征北战打天下，雄踞江南的陈友谅是朱元璋的劲敌，两人在鄱阳湖上展开生死大决战。

两军在康郎山（今江西鄱阳湖内）湖面遭遇。当时陈友谅的水军首尾相连数十里，阵势强大，气势夺人。朱元璋根据敌军的布阵特点，将己方舰船分为二十队，每队都配备不同的兵器，下令各队接近敌舰时，先发火器，次用弓弩，靠近敌舰时再用短兵器进行格斗。双方随即展开激战。朱军大将徐达率领战船勇猛冲击，击败陈军前锋，毙敌一千五百人，缴获巨舰一艘。俞通海乘风发炮，焚毁陈军二十余艘舰船，陈友谅的部队死伤无数，但朱军也是伤亡惨重。战斗到此，双方相持不下。

又过两日，朱元璋亲自领兵出战，但是面对陈友谅严谨的阵势和庞大的战船，朱军舰小接连受挫，朱元璋苦思退敌之策，最后采用了部将郭兴的建议，决定用火攻。

黄昏的时候，湖面刮起了东北风，朱元璋挑选了几名勇猛士兵，驾驶七艘渔船，船上装满了火药和柴草，在逼近敌船的时候趁风点燃。小船趁着东风冲向陈友谅的舰群，一时风借火势，迅速蔓延，湖水尽赤。陈军死伤过半，陈友谅的两个兄弟及大将陈普略均被烧死，陈军数百艘巨舰被烧毁。

接下来的两日，两军再战。朱军将领俞通海等人率领六舰突入陈军舰队，勇敢驰骋，势如游龙，如入无人之境，朱军士气大振，发起猛烈攻击。陈友谅的军队渐渐不支，只好退守，保持实力不敢再战。朱元璋乘胜追击，两军交战三天。陈军有两将见大势已去，投降了朱军。陈军军心动摇，陈友谅又气又恼，下令把抓到的俘虏全部杀掉以泄愤。朱元璋见此情景，以攻心为上，把俘虏全数奉还，深得人心。陈友谅队伍士气低落，内部分裂。

朱元璋再次进攻，断了陈军的突围之路，两军再次交战一个多月，陈友谅冒死突围，但遭朱军以舟师、火筏四面猛攻和伏兵阻击。陈友谅中箭而死，军队溃败，五万余人投降。

在战场上朱元璋采用多种方法，击败敌方。在商战中，同样可以运用刚柔并济的手段取得成功。

英国友尼利福公司的负责人柯尔有一条重要的经营之道，那就是"不拘束于体面，而以相互利益为前提"。根据这一信条，他在企业经营和生意谈判中常常据实而动，或退或进不一而足。在商战中，人们往往注重进攻，但是柯尔在一定情况下，甘愿妥协退步采取退让策略。但是很多时候，退让政策反而为自己赢得了发展时机，最终还是自身获益。

友尼利福公司在很早的时候就在非洲东海岸设有子公司，而且颇具规模。那里有丰富的肥料，并非常适合栽培食用油原料落花生，是一块难得的宝地，也是公司财政收入的主要来源之一。

第二次世界大战结束后，非洲民族独立运动轰轰烈烈地展开了。友尼利福这些宝地也成片成片地被非洲国家没收，导致公司陷入很大的危机。面对这种形势，柯尔对非洲子公司发出了六条指令：第一，迅速启用非洲人参与到子公司的管理高层；第二，取消黑人与白人的工资差异，实行同工同酬；第三，未来培养非洲人干部，在尼日利亚设立经营干部培养所；第四，采取平等双赢、互相受益的政策；第五，不可操之过急，以逐步寻求生存之道；第六，不可拘束体面问题，而应以创造最大利益为要务。

柯尔在与加纳政府的接洽中，为了充分表达自己对对方的尊重以获得当地政府的好感，主动把自己的栽培地提供给加纳政府。这一招果然奏效，为了报答他，加纳政府食用油原料买卖交由友尼利福公司独家代理。这就意味着柯尔在加纳享有专利权。后来柯尔在和几内亚政府的交涉中，甚至表示自己把公司撤走。他的坦诚让几内亚政府深受感动，反而请柯尔留下来，使公司在几内亚继续传承下去。就这样，柯尔的公司平安渡过了难关。

在生意场中，在必要的时候步步紧逼，不放过任何一个机会，但是有的时候也要适当退让，退让的时候要有度，要充分掌握对方的心理状态，并确认自己有能掌控局势的能力。

▬ 原文

夫战胜攻取，而不修其功者，凶①，命曰"费留"。故曰：明主虑②之，良将修之，非利不动③，非得不用④，非危不战⑤。主不可以怒而兴师⑥，将不可以愠⑦而致战；合于利而动，不合于利而止。怒可以复⑧喜，愠可以复悦，亡国不可以复存，死者不可以复生。故明君慎之，良将警之⑨，此安国全军之道也⑩。

注释

①而不修其功者，凶：凶，祸患。如不能巩固胜利成果，则有祸患。

②虑：谋虑，思考。

③非利不动：没有利益就不行动。

④非得不用：得，取胜。用，用兵。不能取胜就不要用兵。

⑤非危不战：危，危急、紧迫。不到危急关头不轻易开战。

⑥主不可以怒而兴师：主，指国君。以，因为、由于。

⑦愠：恼怒，怨愤。

⑧复：重复，再度。

⑨故明君慎之，良将警之：慎，慎重、谨慎。警，警惕、警戒。之，指用兵打仗。此句意为国君与将帅当以十分谨慎的态度对待战争。

⑩此安国全军之道也：安国，安邦定国。全，保全。这是安定国家、保全军队的根本道理。

译文

凡打了胜仗，攻取了土地城邑，而不能巩固战果的，会很危险，这种情况叫作"费留"。所以说：明智的国君要慎重地考虑这个问题，贤良的将帅要严肃地对待这个问题。没有好处不要行动，没有取胜的把握不能用兵，不到危急关头不要开战。国君不可因一时愤怒而发动战争，将帅不可因一时的气愤而出阵求战。符合国家利益才用兵，不符合国家利益就停止。愤怒可以重新变为欢喜，气愤也可以重新转为高兴，但是国家灭亡了就不能复存，人死了也不能再生。所以，对待战争，明智的国君应该慎重，贤良的将帅应该警惕，这是安定国家和保全军队的基本道理。

■ 兵法智慧

在《孙子兵法》的首篇，孙子就提出了"慎战论"，主张用兵作战之前要对战争带来的利弊进行有效分析，尽量使用"不战而胜"的方法取得目标利益，减少物资消耗和人员伤亡。"慎战论"在这里表现为，不能因为将帅或者君主的个人情感色彩而发起战争，要慎重权衡利弊得失。"怒"和"愠"都是非常危险的情绪，往往会使得人失去控制，从而感情用事，过于鲁莽地做出相关决定，造成难以弥补的损失。

所以战争一定要有所得，才有实施的意义。但在历史上因一时愤怒而发兵的将帅也不在少数，安铨就是其一。

明洪武十五年（1382年），现在的寻甸由仁德府改为寻甸军民府，当地部族首领安阳被朝廷封为世袭统治官员，并将为美、归厚划分给他管辖。为加强统治，朝廷在关索岭上兴修了名为木密的守御千户所，驻扎朝廷部队。这样的模式延续了一百多年。到了成化十二年（1476年），安氏家族为了承袭民族统领一职，起了内讧。明王朝趁这个机会削弱了他们的权力，改派流官，降安氏为"马头"。尽管安氏心里不舒服，但慑于朝廷的兵力，并没有过多的举动。

嘉靖六年（1527年），朝廷的流官知府因"马头"安铨征粮不力，将安铨的妻子凤氏拘于狱中，并命人将凤氏的衣服脱去，赤裸鞭打。安铨得知后怒火中烧，而被鞭打的凤氏其叔父凤朝文在禄劝的凤家城位高权重，安铨和凤朝文结盟在一起，发动了叛乱。

安铨在寻甸率众起来反抗，他熟悉地形，为属民所拥护，先后进攻嵩明、马龙二州及木密千户守御所，势如破竹，冲进守御所杀了指挥王升、赵俸、马聪等朝廷流官。

之后，安铨和凤朝文率兵两万挺进昆明，并在嘉靖七年（1528年）

火烧昆明西门。为平定叛乱，朝廷命兵部尚书伍文定调集湖广、四川、贵州及云南元江、蒙化、镇沅土司兵讨伐，并借助凤氏家族瞿氏在彝族中的声望，发出彝文诏书安抚属民。在朝廷的全力反扑下，凤朝文兵败逃往东川，途中被杀。在乱战中安铨不知凤朝文被害，他投奔到凤朝文妻兄何志处，再作打算。何志怕引火烧身，偷偷地举报了安铨。结果安铨被杀，其部下被斩首两千多人，族属多数被杀害。

安铨最初并没有反叛之心，但是因妻子被辱，于心有所不甘，冲冠一怒为红颜，慎重思考和取胜的把握就发动了叛乱，最终落得身首异处。

现实生活中，每一个人都有急火攻心的时候。职场中应该怎样面对自己内心汹涌澎湃的情绪和他人的怒火呢？

职场中的每个人都有自己的压力。面对待遇不公，对同事不满，对上司有意见，有的时候实在是忍无可忍。但是无论你受多大的不公，都应该明白，一时的情绪失控，可能会置自己于不利的境地。香港著名演员刘德华曾经在一次采访中说过：发脾气能够解决问题你可以发脾气，但是如果你发脾气仍然解决不了问题的时候，你发火干什么呢？但是如果你的怒火确实无法平息，而且确实需要适当宣泄一下不满的时候，你应该注意三点：

一，找到事件的本质。在不平事中找准关键的环节和恰当的人，你直接和事件的关键人物对话。不要乱发脾气，对身边的人乱攻击。哪怕是你最好的朋友，他也不欠你的。没来由泄愤会伤害感情，久而久之会众叛亲离。

二，要有理有据。在决定要表达自己的不满后，首先要保证证据确凿。发怒前最好说明你的发怒理由，大部分的人都是讲道理的。也许在事件的背后有一个很大的误会，在你说明原因之后就会冰释前嫌。

三，要掌握分寸。在发怒前你要清楚你要把事态发展到什么地步。如果发怒的对象是上司，分寸把握不好你会被扫地出门。如果是同事，则不但不会解决问题，还会把关系闹僵，使自己以后的处境尴尬。

把自己的怒火处理好，从小的方面说可以提高自身的素质，从大的方面还有可能发现里面蕴含的商机。总之，正确对待负面意见，是一个成熟智慧的职场人的标志。

第十三篇

用间篇

曹操曰：战者必用间谍，以知敌之情实也。

题解 ——

用兵之事，孙武始终将"知己知彼，百战不殆"贯穿于整个《孙子兵法》之中。然而，"知己"容易"知彼"难，这里提出"用间"的方法获取敌情。"必取于人，知敌之情者也"，据此提出五种用间之法——因间、内间、反间、死间、生间。

"知彼知己，百战不殆"是孙武朴素唯物主义的战略战术原则。在这一原则指导下，本篇着重论述了使用间谍了解敌情的重要性。

他指出"明君贤将，所以动而胜人，成功出于众者，先知也"。他认为，要做好战争的事先准备工作，这是取得战争胜利的先决条件。这种事先了解情况"不可取于鬼神，不可象于事，不可验于度"而"必取于人"的主张，是具有进步意义的。

第十三篇　用间篇

━ 原文

孙子曰：凡兴师十万，出征千里，百姓之费，公家之奉，日费千金；内外骚动，怠于道路，不得操事者七十万家[①]。相守数年，以争一日之胜，而爱爵禄百金，不知敌之情者[②]，不仁之至也，非人之将也，非主之佐也，非胜之主也。

注释

①不得操事者七十万家：据说古时一家从军，七家奉之。举十万之师，则不专事耕稼者达七十万家。

②爱爵禄百金，不知敌之情者：吝惜官职钱财，不（用间谍以）了解敌情。

译文

孙子说：凡兴兵十万，征战千里，百姓的耗费，国家的开支，每天都要花费千金。前后方动乱不安，戍卒疲惫地在路上奔波，不能从事正常生产的有七十万家。这样相持数年，就是为了决胜于一旦，如果吝惜爵禄和金钱，不肯用来重用间谍，以致因为不能掌握敌情而导致失败，那就是不仁到极点了。这种人不配做军队的统帅，算不上君王的辅臣，也不是胜利的把握者。

■ 兵法智慧

《孙子兵法》在最后一章专门谈论了间谍的工作。间谍是战争中用来知彼的重要人员，间谍用得好能够抵得上千军万马。间谍从古至今都不曾消失过。

孙子在开篇的第一章就说明了自己为什么要写间谍。他认为战争关系国计民生，成本大，费用高，有的时候又不得不打。既然如此，怎么才能减少战争对人民生命和社会财产的损害呢？孙子在前面的篇章中提出了"不战而屈人之兵"的观点。但是，要做到这一点非常难。这是兵家用兵的最高境界，不是轻易能够做到的。因此，在保障胜利的同时减少战争成本和费用，最好的办法只能是"知彼知己"。"知己"只要冷静分析、详细部署自己的部队就可以了，是好操作的部分。"知彼"比"知己"更为重要，但是难度也比"知己"大。"知彼"的重要渠道之一就是使用间谍。用间也需要花钱，有的时候甚至是花大价钱，但是这部分钱绝对不能省。孙子认为，如果仅仅是为了一点钱而没有及时地了解敌情，最后导致战争失败，就是不仁到了极点。

富有传奇色彩的人物理查德·佐尔格被誉为"二战谍王""最有胆识的间谍"。他的信条是：不撬保险柜，文件却自动送上门来；不持枪闯入密室，门却自动为他打开。他温文儒雅，是毕业于柏林大学和基尔大学的博士，是在东京德国使馆内有单独办公室并与使馆官员亲密无间的著名记者。但他真正的身份却是服务于苏联莫斯科的间谍。

理查德·佐尔格在德军即将进攻苏联的前夕，向苏联发出了战争警告：进攻将在 1941 年 6 月 22 日拂晓全面展开。但是苏联领导人斯大林没有予以理会，结果苏军被打得措手不及，一溃千里。战争初期的形势对苏联非常不利，莫斯科城下已无兵可调，国家岌岌可危。这时，苏联还有几十个师部署在苏联的亚洲地区，但是他们是为了对付希特勒的盟友日本可能的攻击而预备的兵力，不能轻易调用。如果日本发动进攻，苏联将遭受前后夹击，后果不堪设想。可是，莫斯科城下又吃紧，如果莫斯科被攻下苏联将会一败涂地，没有反击的机会。这时，如果确定日本人暂时不会进攻，就可以放心地将部署在西伯利亚、善于冬季作战的苏军调到西线，参加莫斯科保卫战。

为了获得日本方面重要的作战部署，苏联情报机关把希望寄托在佐尔格的身上。为了便于佐尔格展开工作，不引起日本情报机关的注意，苏联情报机关在佐尔格身上做了大量的投入，在金钱和人员方面都给予了充足的供应，这时苏联政府绝对是值得的。当佐尔格确定近期日本没有进攻苏联的计划时，斯大林长长地吁了一口气，迅速抽调远东军队到欧洲方向。号称天下无敌的德军在苏军的凌厉反攻面前，从莫斯科城下踉跄败退，其常胜不败的神话如泡沫一般破灭了。这个胜利对于苏联来说是不可估量的，其价值是不可以用金钱来衡量的。

由此可见，间谍所提供的情报的价值是不能用金钱来衡量的，有的时候甚至关系到一个国家的存亡，一个民族的荣辱。

■■■ **原文**

故明君贤将，所以动而胜人，成功出于众者，先知也。先知者，不可取于鬼神，不可象于事①，不可验于度②，必取于人，知敌之情者也。

注释

①不可象于事：不可以旧事类推。

②不可验于度：不可凭日月星辰的位置度数推断吉凶。

译文

所以，明君和贤将之所以一出兵就能战胜敌人，功绩超越众人，就在于能预先掌握敌情。要事先了解敌情，不可求神问鬼，也不可用相似的现象作类比推测，不可用日月星辰运行的位置去验证，一定要取之于人，从那些熟悉敌情的人的口中去获取。

■ **兵法智慧**

在这一章中，孙子向人们抛出了一个问题："常胜将军为什么总能够打胜仗呢？"原因在于他们预先了解和掌握了敌人的情报。孙子说，要预先掌握敌情，必须依靠人事，靠从熟悉敌人情况的人那里得到消息。

南宋时期，金兵大举南侵，南宋许多将领坚决抗金，其中以岳飞为首的岳家军一路给了金兵重大打击，最后兀术与岳飞在朱仙镇进行决战。

兀术有一个十六岁的义子，名叫陆文龙。此人文武双全，英勇过人，是岳家军的劲敌。陆文龙本是宋朝潞安州节度使陆登的儿子；兀术南侵的过程中攻陷潞安州，陆登和妻子都自杀了，奶娘抱着陆文龙逃跑的时候被兀术抓住。兀术看小陆文龙非常可爱，就掳至金营，收为义子。在金营长大的陆文龙对自己的身世完全不知情。

一日，岳飞正在为怎样对付陆文龙而苦恼，忽见部将王佐进帐。岳飞看见王佐脸色蜡黄，右臂已被斩断（已敷药包扎），非常惊奇，连忙问发生了什么事。原来王佐学着古书上的勇武之士使用苦肉计断了胳膊，打算只身到金营，策反陆文龙。

王佐来到金营，对兀术说道："小臣王佐曾是杨幺的部下，官封车胜侯。杨幺失败后我只得归顺岳飞。昨夜帐中议事，小臣认为金兵兵力雄厚，实难抵挡，不如议和。岳飞听了大怒，命人斩断我的右臂，并让我到金营通报，说岳家军即日要踏平金营，生擒狼主。臣要是不来，性命难保。因此，我只得哀求狼主收留我吧。"兀术听完他的话非常同情，让他留在营中。王佐利用可以在金营自由行动的机会，先接近陆文龙的奶娘，晓之以理动之以情，说服奶娘一同告知陆文龙的身世。开始陆文龙不相信，但是看到奶娘垂泪点头才彻底明白了自己的身世。他决心为父母报仇，诛杀金贼。王佐指点他不可鲁莽行事，应该伺机行动。

此时金兵运来一批轰天大炮，准备夜袭岳家军。陆文龙用箭把情报射向岳飞军营，使岳军免受损失。当晚，王佐、陆文龙及奶娘投奔宋营。王佐不仅成功策反了陆文龙，同时还得到了有用的情报。

这是小说《说岳全传》描写的一段故事。历史上，利用间谍提供的消息而获得战事胜利的案例数不胜数，间谍的作用由此可见一斑。

▬ 原文

故用间有五：有因间，有内间，有反间，有死间，有生间。五间俱起，莫知其道，是谓神纪，人君之宝也。间者，因其乡人而用之[1]。内间者，因其官人而用之。反间者，因其敌间而用之。死间者，为诳事于外[2]，令吾闻知之，而传于敌间也[3]。生间者，反报也[4]。

注释

[1]因其乡人而用之：利用敌方乡人为间谍。

[2]为诳事于外：故意散布虚假情况以欺骗敌人。

[3]令吾间知之，而传于敌间也：使我方间谍知情并传与敌人。常因而牺牲，故曰死间。

[4]反报也：安全返回，报告敌情。

译文

间谍的运用有五种：即乡间、内间、反间、死间、生间。五种间谍同时用起来，使敌人无从捉摸我用间的规律，这是使用间谍神妙莫测的方法，也是国君克敌制胜的法宝。所谓乡间，是指利用敌人的同乡做间谍；所谓内间，就是利用敌方官吏做间谍；所谓反间，就是使敌方间谍为我所用；所谓死间，是指散布假情报，让我方间谍明白并有意识传给敌间；所谓生间，就是侦察后能活着回来报告敌情的人。

■ 兵法智慧

在这一章中，孙子详细介绍"间"的不同类别，他把"间"分为了五类：因间、内间、反间、死间和生间。

"因间"又叫乡间，主要是利用对方的同乡亲友关系打入对方内部。

"内间"即利用对方官员为间谍，利用他们的有利地位常能获得高度机密的情报。

"反间"就是使对方的间谍为我所用，从而达到用间的目的。这种间谍最不好操控但是也最有效，使用起来需要很高的计谋，操作人必须非常高明才行。

"死间"是指散布假情报，通过我方间谍将假情报传给敌间，诱使敌人上当，一旦真相败露，我方间谍难免一死，是最危险的一类间谍。

"生间"就是让己方间谍在执行任务后，能够平安返回汇报敌情，不会因暴露而失掉性命。

1960 年 5 月 11 日，美军高空 U-2 型侦察机在苏联斯维尔德洛夫斯克被苏军的战机击落，其飞行员鲍威尔被俘。消息传开，世界震动。因为这种侦察机是美国的高端战机，飞行高度达两万米，国际上不知道苏联究竟采用了什么新式作战武器，纷纷猜测。其实苏军能够击落U-2 型飞机并不像外界传闻的那样，只不过是苏联玩了一把"偷梁换柱"而已。用了孙子所说的"因间"计。

当时，美军在巴基斯坦白沙瓦市郊有一个空军基地，U-2型高空侦察机就从这里起飞到苏联执行战略侦察任务。如此战略要地自然是警备森严。苏联的克格勃特工想尽办法，策反了一位名叫穆罕默德的阿富汗飞行员。这个阿富汗飞行员有一个朋友在这个空军基地的食堂工作，穆罕默德利用这个朋友混进了空军基地。

一天晚上，他趁人不备摸进了U-2型战机，据情报报告，这架飞机将在一两天内执行侦察任务。

穆罕默德曾经在美国留学，对美军飞机的性能很熟悉。他进入飞机后，将高度仪表盘上的四颗螺钉中的一颗拧了下来，换上了事先带来的螺钉。这颗螺钉虽然和换下来的一模一样，却具有极强的磁性，可以吸引极细的高度仪的指针，这样高度仪就不能正常地指示飞行的高度了。

当这架被做了手脚的侦察机由鲍威尔驾驶飞到三千多米的高度时，高度仪的指针便被磁性吸引，竟然提前指到了两万多米。鲍威尔没有产生任何的怀疑，他看到这么高了，就没再向上升。其实，这时飞行高度只有三千多米。而这个高度恰恰是苏联制空能够作用的有效范围。苏联抓住时机很快就打下了它，同时俘虏了飞行员鲍威尔。

在第二次世界大战时期，各国都很重视间谍的作用。苏联尤其重视，他们在间谍的身上投入了大量的人力、物力。苏联的间谍也表现出了极强的专业性，出现了很多具有传奇色彩的人物，上述故事中的**穆罕默德便是其一。**

当然，不能完全依赖任何一种情报手段，对于间谍也是如此。要
全面使用间谍，最大限度地扩大军情的来源，这样才能保证军情的完
整性、准确性、周密性，根据这些情报制定出来的战术，才能令敌人
防不胜防，无所适从，从而取得战事的胜利。

▰ 原文

故三军之事，莫亲于间，赏莫厚于间，事莫密于间。非圣贤不能
用间，非仁义不能使间，非微妙不能得间之实①。微哉微哉，无所不用
间也；间事未发而先闻者，间与所告者皆死。凡军之所欲击，城之所
欲攻，人之所欲杀，必先知其守将、左右、谒者②、门者、舍人③之姓
名，令吾间必索知之。

注释

①非微妙不能得间之实：唯经精细分析始能获情报之实情。

②谒者：负责传达的官员。

③舍人：门客幕僚。

译文

所以在军队中，没有比间谍更亲近的人，没有比间谍更应该被优
厚奖赏的，没有比间谍更为秘密的事情了。不是睿智超群的人不能使
用间谍，不是仁慈慷慨的人不能指使间谍，不是谋虑精细的人不能得

到间谍提供的真实情报。微妙啊,微妙!无时无处不可以使用间谍。间谍的工作还未开展,而已泄露出去的,那么间谍和了解内情的人都要处死。凡是要攻打的敌方军队,要攻占的敌方城池,要刺杀的敌方人员,都须预先了解其主管将领、左右亲信、负责传达的官员、守门官吏和门客幕僚的姓名,指令我方间谍一定要将这些情况侦察清楚。

■ 兵法智慧

在两军作战中,通常间谍提供的信息是最有效最可靠的,所以在整个军队当中间谍是最值得重视和嘉奖的人。

军事家孙子主张作战要混淆虚实,让敌军分辨不清是非曲直,看不到事情原本的面目,这一招着实高明。而间谍就是军队当中需要伪装得最好,最能够混淆敌军的辨别能力,最终窃取最有效的军事机密的人,所以孙子在其兵法中反复强调间谍的重要作用。

也正因为如此,从古至今在各种战争中,都少不了由一些人所扮演的间谍角色。但是如何使间谍发挥最大的作用?如何使用一个出色的间谍?这对间谍的使用者来讲也是很具有挑战性的问题。孙子在其兵法中指出"非圣贤不能用间,非仁义不能使间,非微妙不能得间之实",由此看来,不是所有懂得间谍作用的人都能收放自如地使用间谍,这需要间谍使用者在运用间谍制胜的过程中,好好下一番工夫,使间谍的作用发挥到最大。

当然做间谍也是相当有难度的,孙子在他的兵法中也清楚地指明了不是什么人都能当间谍。当间谍不仅要有能力很好地应对自己所处的各种环境,还要有良好的心理素质。

只有具备了上述几个条件，在两军作战中，间谍的作用才能发挥到最大，才能使军队用最小的代价获得最大的成功。

1970 年，施奈德受雇来到联邦德国情报机关附近的一座美国军火库中当勤杂工。他的工资少得可怜，只能勉强维持一家三口的最低生活水平。为了补贴家用，他便常常在下班后，顺便到军火库的垃圾箱里捡点破烂去卖。天长日久，人们就给他取了个"垃圾佬"的绰号。

就是这位老实巴交的"垃圾佬"后来竟被民主德国的情报机关看上了。他们派间谍伪装成旧货商，专门高价收购"垃圾佬"捡的破烂，施奈德很快就成了这位旧货商的老主顾。有一天，当施奈德把垃圾箱里捡到的美国士兵丢弃的破烂拿到旧货商那里时，旧货商却告诉他说："我想收购的不是这些破烂，我要的是有情报价值的含有军火库秘密的'破烂儿'。你已经以卖破烂为名，向我们提供了不少的情报，如果你以后不干了，我就去告发你。"

至此，施奈德才明白，原来旧货商是民主德国的间谍，而且他自己也早已在不知不觉中成为了对方手上的棋子，成为了不得不为他们卖命的情报间谍。

为了生计，也为了自己之前的行为不被告发，施奈德只好保持原有的"垃圾佬"的形象，在军火库那边寻找有价值的情报，然后转交给民主德国。他每隔两周就去东柏林一次，把精心挑选好的"破烂儿"扎成礼品的模样，送到指定地点，然后通知对方来取。

就这样，施奈德整整为民主德国的谍报机关工作了近十二年。有一次，他在垃圾堆里找到了整整三大厚本美国新运到联邦德国的"鹰式"地对空导弹使用说明书和维修须知。民主德国谍报机关为此秘密授予了他一枚银质勋章和一大笔奖金。

在充当间谍十二年的时间里，施奈德向民主德国间谍情报机关交送了大量的有价值的情报，其中包括北大西洋公约组织驻欧洲的兵力部署、北约国家武器弹药的库存清单、美国在西欧贮存的各种导弹武器的规格、数量和使用方法等，给当时的北大西洋公约组织成员在军事上造成了很大的被动。

虽然后来施奈德还是被捕了，但是他的间谍任务可以说已经完成得很出色了。他在民主德国情报机关巧妙的部署下成为了伪装得非常完美的间谍，而且很难会引起敌方的注意。也正因为如此，民主德国才在国际事务中获得了很大的主动权。这个事例可以说是近代情报战当中运用间谍较为成功的一个案例。

虽然我们现在的生活和工作远远没有战争那么险恶，间谍也没有那么普遍，但在商业时代，我们还是要学会侦破间谍，以免被商业上的竞争对手打入内部，却毫无察觉。

▆ 原文

必索敌人之间来间我者，因而利之，导而舍之①，故反间可得而用也。因是而知之②，故乡间③、内间可得而使也。因是而知之，故死间为诳事，可使告敌④。因是而知之，故生间可使如期⑤。五间之事，主必知之，知之必在于反间，故反间不可不厚也。

注释

①导而舍之：稽留诱导，再放回令作反间。

②因是而知之：因用反间而掌握情报。

③乡间：即因间。

④死间为诳事，可使告敌：死间将虚假情报传给敌人。

⑤可使如期：按预定时限返回报告敌情。

译文

一定要搜查出敌方派来侦察我方军情的间谍，从而用重金收买他，引诱开导他，然后再放他回去，这样反间就可以为我所用了。通过反间了解敌情，乡间、内间也就可以利用起来了。通过反间了解敌情，就能使死间传播假情报给敌人了。通过反间了解敌情，就能使生间按预定时间报告敌情了。五种间谍的使用，国君都必须了解掌握。了解情况的关键在于使用反间，所以对反间不可不给予优厚的待遇。

兵法智慧

孙子在这一章中着重讲了"反间"，应该怎样对待敌方潜藏的间谍，还讲了"反间"对于其他间谍的作用。孙子对待反间计中间谍的态度是："必索敌人之间来间我者，因而利之，导而舍之，故反间可得而用也。"意思是说：一定要搜查出敌方派来侦察我方军情的间谍，从而用重金收买他，引诱开导他，然后再放他回去，这样反间就可以为我所用了。

通过反间了解敌情，乡间、内间就可以利用起来了，死间也能传播假情报给敌人了，生间亦能按预定时间报告敌情了。

"反间"作用巨大，其形式也同时和其他的间谍有所区别，"反间"是利用敌人的间谍，让敌人自己掉到陷阱里。

秦朝末年群雄争霸，最后只剩了楚霸王项羽和汉中王刘邦两大势力。公元前205年5月，项羽和刘邦在荥阳摆开阵势，要决一死战。刘邦被围困，形势极为不利。项羽不仅英勇善战，而且身边有一些重要谋臣帮着出谋划策。这时，护军中尉陈平给刘邦出主意说："可以出重金收买项羽方面的间谍，让他们谎称项羽身边的重要谋士、重臣范增等人准备与刘邦谈判，灭掉项羽后，共同平分天下。"因为这些人对于项羽太重要了，除掉他们就等于卸掉了项羽的左膀右臂。刘邦点头称是，于是拿出四万两黄金收买项羽方面的间谍。

假情报送回去后，项羽果然相信了，对范增和钟离昧起了疑心，再也不听他们的意见了。范增有口难辩，急火攻心，同时对项羽也失望至极，愤怒地拂袖而去，不久就病死了。就这样刘邦很快解了荥阳之围。

"反间计"是非常之计，使用得当也是价值最高的计谋。但是反间计用的不是自己人，而是对方的人，所以重金收买是不可少的，当然作用也是不可估量的。所以在战争中被派到你身边的奸细，被你发现之后是可用的。本来埋在身边的定时炸弹，却反为我所用，不能不说是一项高的计谋啊。

▰▰ 原文

昔殷之兴也，伊挚①在夏；周之兴也，吕牙②在殷。故惟明君贤将，能以上智为间者，必成大功。此兵之要，三军之所恃而动也。

注释

①伊挚：伊尹，原夏桀之臣，后助殷商灭夏。

②吕牙：吕尚，即姜子牙。原纣王之臣，后归周，助武王灭纣。

译文

从前殷商的兴起，在于重用了在夏朝为臣的伊尹，他熟悉并了解夏朝的情况；周朝的兴起，是由于周武王重用了了解商朝情况的吕牙。所以，明智的国君，贤能的将帅，能用智慧高超的人充当间谍，就一定能建功立业。这是用兵的关键，整个军队都要依靠间谍提供的敌情来决定军事行动。

▰ 兵法智慧

在这一章中，孙子对"用间"进行了总结，并列举了不同朝代"用间"的例子。孙子肯定地说：能以上智为间者，必成大功。此兵之要，三军之所恃而动也。意思是说：明智的国君，贤能的将帅，能用智慧高超的人充当间谍，就一定能建立功业。这是用兵的关键，整个军队都要依靠间谍提供的敌情来决定军事行动。《孙子兵法》的第十三篇可以称为古代情报学的教科书，在本篇中孙子详细列举了间谍的种类和在"用间"过程中应该注意的事项。

伊挚，商初大臣。中国古代有名的治世良相，史称元圣，因其生于伊水上游，官职为尹，故又称伊尹。

伊尹原是夏朝时莘国管理膳食的小头目。在莘国的时候，他有机会接触到商汤，发现商汤是一个有头脑有德行的人，觉得此人日后应该有一番作为。于是伊尹就想投奔商汤，但是当时伊尹作为奴隶没有行动的自由。即使是偷溜出去，被人抓住，也会受到很严重的处罚。正在这时，商汤要娶有莘氏的一个女儿做妻子，伊尹就申请作陪嫁入商。所以史称伊尹为"有莘氏媵臣"，就是陪嫁的厨子。

刚开始的时候，伊尹没有机会接近商汤。他仍然是在商汤府内做厨子，但是伊尹的厨艺很好，有一次，商汤与伊尹谈论有关厨艺的学问。伊尹说得头头是道，并有自己的一套理论。商汤非常高兴。于是伊尹抓住机会，借厨艺的理论向商汤进谏治国之道。商汤听后破格提拔重用了伊尹。

伊尹给商汤分析天下的形势，夏桀暴虐，众叛亲离，是取而代之的时机。商汤发现伊尹的想法与自己不谋而合，更加重用他。之后，商汤曾经两次派伊尹去夏朝了解情况，为了不引起夏桀的怀疑，商汤故意给伊尹加了很多的罪名。商汤还亲自射伤了伊尹，为他去夏朝制造借口。

伊尹到达夏朝后，一方面向夏桀宣扬商汤多么的忠心，消除夏朝方面的戒心，另一方面挑拨夏桀与臣子的关系，并通过重金收买、挑拨离间的方式让一部分臣子背叛了夏朝。等到时机成熟时，伊尹又向商汤建议，试探一下夏朝的反应。第一次以不纳贡为激发点，夏桀凭借其余威调动诸侯大军来讨伐。商汤于是上堂请罪，夏朝撤兵。之后夏桀的威望更加衰弱，当商汤第二次挑衅的时候，夏桀已经调动不了各家诸侯了。经过几年的征战，最后商汤终于灭夏，建立了商朝。

　　孙子为战事能够取得成功，全面系统地剖析了战争中可能遇到的情况，和应该采取的策略。《孙子兵法》是理性的、阳刚的，同时也是灵活的。孙子不止一次强调灵活用兵的重要性。作为现代社会的普通人来说，《孙子兵法》也是智慧的源泉，以此为指导去开拓事业，成功也将指日可待。